U0938511

光輝的背後

巴黎2024殘疾人奧運會感動紀實

中國香港殘疾人奧委會　編著

商務印書館

責任編輯　林雪伶　朱嘉敏
協　　力　林加歡
裝幀設計　涂　慧
排　　版　肖　霞　高向明
印　　務　龍寶祺

光輝的背後 —— 巴黎 2024 殘疾人奧運會感動紀實

編　　著　中國香港殘疾人奧委會
撰　　文　梁國威
出　　版　商務印書館（香港）有限公司
香港筲箕灣耀興道 3 號東滙廣場 8 樓
http://www.commercialpress.com.hk
發　　行　香港聯合書刊物流有限公司
香港新界荃灣德士古道 220-248 號荃灣工業中心 16 樓
印　　刷　美雅印刷製本有限公司
香港九龍觀塘榮業街 6 號海濱工業大廈 4 樓 A 室
版　　次　2025 年 7 月第 1 版第 1 次印刷

ISBN 978 962 07 4729 8
Printed in Hong Kong

殘奧會不僅是賽場競技
更是人類精神的史詩

中國香港代表團在 2024 年巴黎殘疾人奧運會
以 3 面金牌、4 面銀牌及 1 面銅牌完成賽事
創下自 2012 年倫敦殘奧會以來的最佳成績

本書記錄了那些
被鎂光燈忽略的汗水與信念

巴黎2024殘疾人奧運會
FLAG PRESENTATION CEREMONY FOR THE HONG KONG
Bupa
保柏
CATHAY
FILA
GERMAGIC

▲ 巴黎 2024 殘疾人奧運會中國香港代表團授旗典禮，祝願運動員在比賽中取得佳績。

目錄

文化體育
及旅遊局
Culture, Sports
and Tourism Bureau

楔子

光輝的起點

馮馬潔嫻

梁禮賢

胡小玲

江俊賢

梁淑盈

吳卓恩

陳睿琳

張可盈

張浚諾

鄧韋樂

陳栩總

梁仲仁

吳玟薈

王婷莛

黃金球

余翠怡

湯雅婷

范珮珊

鍾婉萍

馬再創

危家銓

葉頌華

任國芬

陳仁傑

陳浩源

朱文佳

郭克燊

王葉礎

劉煒麒

李燊傑

龍子健

謝德樺

何宛淇

梁育燊

楊曉林

張　沅

陳世健

謝佩婷

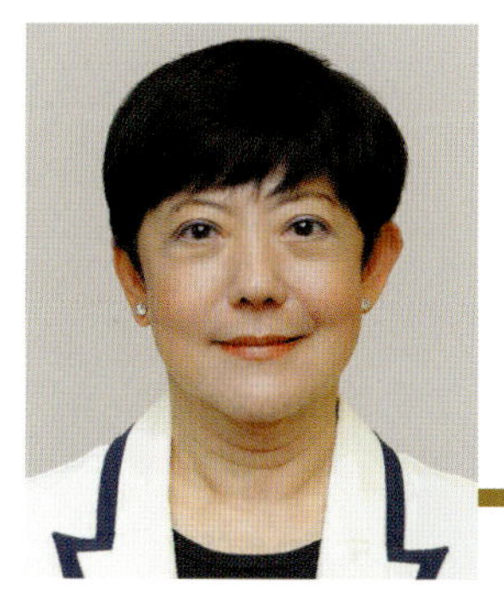

馮馬潔嫻 女士

中國香港殘疾人奧委會會長

2023年，中國香港殘疾人奧委會會長馮馬潔嫻女士 SBS BBS JP 榮獲中國香港特別行政區頒授銀紫荊星章，以表揚她長期推動殘疾人士運動發展方面的貢獻。2024年巴黎殘疾人奧運會，中國香港代表團取得三金四銀一銅佳績，馮會長的領導使運動員發揮出殘奧精神，再次於這個殘奧會舞台發光發亮，活出真我。

投身於殘疾運動事業

馮馬潔嫻會長為中國香港殘疾運動界別服務了逾40載，這段漫長歲月裏，她致力於為殘疾運動員爭取合理權益，令他們受到各界人士認可，這段路上可謂充滿挑戰及艱辛，而令她欣慰的，是現時的殘疾運動員在社會的認受性已顯著提升。就2024年的巴黎殘奧會，中國香港殘疾運動員的驕人成績，馮會長衷心替他們高興。「這次巴黎賽事，引起了社會各界廣泛注意，同時也是對殘疾運動員最好的認可。媒體的大幅報道令市民關注賽事，甚至在殘奧會後，有熱心人士致電本會，希望出一分力獎勵這些運動員的付出。」

馮馬潔嫻會長坦言，從事服務殘疾運動事業多年，身邊部分友人也不甚了解她的工作，但此次巴黎賽事中運動員創出佳績後，外界終於理解她在奧委會職責的重要意義。由於巴黎殘奧會各項目賽場距離較接近，馮會長在賽事期間四出奔波，到各比賽場地支持中國香港運動員。「像比賽項目的初賽完成後，我便立即趕到另一場館替我們的運動員打氣，之後再出席較後階段比賽。如果選手贏得獎牌，當然要稱讚他們的表現出色，未獲獎的也要肯定他們代表中國香港出賽的榮耀。雖然賽程安排中也有休息時間，但每日奔波於不同場館之間，對於年紀不小的我來說也是一種挑戰，回到香港也發覺今次巴黎之旅後，體重減了不少。不過我樂在其中，而當中亦感到充實與開心。」

保持積極向上的心態

正因為這群中國香港殘疾運動員積極面對人生的心態，亦影響了馮會長這些年來的人生觀，讓她學會以更正向的態度迎接每一天。對於喜歡的事便全心投入的馮會長來說，推動殘疾人運動事業正是她喜愛做的事情，每當想到運動員的先天或後天條件導致身體有所缺陷，都能迎難而上，馮會長便覺得沒有甚麼問題可以難倒她。「站在殘疾朋友的角度思考，他們經常問：為甚麼是我遇上不幸？但從體育角度而言，我會引導殘疾運動員思考：Why not me？為何不是我？他們也可以像健全運動員如張家朗、李慧詩一樣，在運動事業上爭取好成績，當一個出色運動員，只要堅持努力，突破自我的那一刻必將來臨。」馮會長回憶道：「我記得有一次帶着年僅九歲的兒子，到英國伯明翰觀看蘇樺偉等田徑運動員出戰比賽，當時仔仔看到殘疾人士也能夠跑得這麼快，那次經歷令他印象深刻，也令他的思維更積極。」

這些年來，馮會長看着運動員在競賽場上爭取佳績，總是忍不住落淚，當看到選手勝出會喜極而泣，而落敗之時也會感受到運動員失落而流淚，所以作為會長，除了本身職責外，與運動員一齊經歷樂與哀的真摯情感，或許是外界鮮少察覺的另一面。

推動「傷健共融」社會

香港特區政府於 2006 至 2007 年度之施政報告中，公佈重新發展香港體育學院計劃，馮會長為殘疾運動員爭取這個影響日後發展深遠的訓練場地，可謂做出重要一步。雖然當年的體院改建設計藍圖中，其中一個位置原本是興建露天茶座，及後馮會長得悉，全力爭取將這個地點改變為硬地滾球隊、乒乓球隊及輪椅劍擊隊的訓練場地，並四出游說，只為讓代表隊能有一個固定的練習場地。最終，中國香港賽馬會注資一億港元，興建了現時作為代表隊練習的室內訓練場館。正是馮會長當年的堅持，才使中國香港殘疾人各項目代表隊，於亞洲賽、世界賽，甚至殘奧會舞台均取佳績，因為穩定的訓練場館，正是發展運動項目的必要條件。

馮會長指出，香港社會初期仍然是一個「有障礙城市」，對殘疾人的幫助並不多，尤其殘疾運動員出外比賽所需要的資

沒有不可能，只要給予平等機會，殘疾人士同樣能綻放光芒。

金更是捉襟見肘，而中國香港傷殘人士體育協會初期也只被視為一個社福機構。「最初接觸傷殘人士體育協會時，正逢他們為出外比賽眾籌資金，當時他們說要五千元便可，但我心想一個團隊出賽，怎會只需五千元那麼少？於是便查詢總經費需要多少，實際需要五萬元，我便向當時任職的公司老闆建議全額資助。結果，團隊凱旋而歸，贏了過百個獎牌。自此，公司便承擔起殘疾運動員出賽的所有費用，希望他們繼續為香港爭取好成績。之後，香港政府亦因運動員取得佳績，正式承認協會為體育總會之一。」

資金往往成為發展殘疾運動的關鍵元素，甚至是運動員走進世界賽事頒獎台上之必要條件。從爭取運動員固定訓練場地，到走向精英訓練制，2017 年的「殘疾運動項目精英資助先導計劃」，讓更多殘疾運動員投入全職訓練，讓殘疾運動員能無後顧之憂地專注訓練。提到資金，馮會長特別感謝渣打銀行每年也會資助協會一筆為數不少的金額，使協會可用作發展運動項目，資助源於蘇樺偉的佳績。「1996 年的美國阿特蘭大殘奧會上，蘇樺偉、趙國鵬、陳成忠及張耀祥贏得男子 4x100 米接力（T34-37 級）金牌，而香港渣打馬拉松主辦方為了提升參賽者人數，決定接納我的意見，把『齊撐殘奧精英』作為主題，結果當屆參賽人數有顯著上升，而殘疾運動員從此獲得更多關注。如今，渣打每年亦會為協會提供可觀贊助，我們便用來聘請教練，甚至乎作為出外比賽的經費。」

正如馮會長所言，一個人要在能力範圍內做到最好，甚至有時更需超越自身能力，而最重要是盡力做每一件事，就如殘疾運動員在競技場上，拼盡全力爭取勝利，人生才有意義。馮會長在漫長歲月，為殘疾運動員爭取權益上不遺餘力，足見其魄力。今日香港社會對殘疾朋友的支持是否足夠？相信比起馮會長所講以往的「有牆世界」，的確改善了不少，運動員也證明了殘疾朋友可以同健全人士無異，只是因為先天或後天的身體缺陷，才被外界「標籤」。正如中國香港殘疾人奧委會所言「Impossible 可改變成 I'm POSSIBLE，沒有不可能」，只要給予平等機會，殘疾人士同樣能綻放光芒，這不僅是口號，更是推動香港真正實現「傷健共融」的信念基石。

梁禮賢 醫生

巴黎 2024 殘疾人奧運會中國香港代表團團長

梁禮賢醫生作為中國香港殘疾人奧委會的副會長，同時也是 2024 年巴黎殘奧會中國香港代表團的團長，肩負着為中國香港爭光的重任。這份使命不僅是讓各位運動員專心於他們所擅長的競賽項目，爭取佳績，更在於背後默默付出的艱辛努力。梁醫生的目標是令整個團隊在巴黎的旅程中，展現最專業的一面，這是他此行的真摯願景。

極力爭取參賽名額

每四年一度的殘奧會，來自全球的運動健兒在短短的十多天賽事中全力以赴，為各自的國家及地區奮勇拼搏。然而，成就這一切的背後，是不可或缺的準備工作。梁醫生感歎，踏上巴黎的那一刻，象徵着他與團隊歷時近兩年的精心籌備，這一切的汗水與付出，都是為了在全世界面前展示他們的努力與成果。他特別提到，團長會議早在殘奧會舉行前一年便已展開，為了這次巴黎之旅，所有細節都需周詳考量，從交通安排到團隊成員的住宿，都要充分顧及運動員及教練的需要。

在比賽的前一年，梁醫生在團長會議上積極向奧組委爭取更多參賽名額。他坦言，這項挑戰極為艱鉅，因為每個國家和地區都對運動員名額寸土必爭，能夠爭取到的合資格席位來之不易。隨後便是安排運動員參加各項世界資格賽，為了爭取足夠的積分以取得入場券。經過無數的努力，最終成功獲得了二十多個參賽名額。這讓香港市民得以透過賽事現場或電視直播，欣賞到運動員奮力拼搏的英姿，正是團隊幕後辛苦爭取的成果。

在成功獲得參賽名額後，隨隊人員的名額才得以確定。作為團長的梁醫生肩負着巨大的責任，必須與各方持分者進行深入的討論，努力協調教練、助教與醫療人員的分配，以確保每個項目都有專屬的教練團隊隨行。然而，由於殘疾運動員的醫療需求更為複雜，梁醫生表示，安排隨行的醫療團隊並非易事。這需要相關專業人士暫時放下手中的工作，毫無保留地陪伴團隊在巴黎的旅程中渡過兩至三星期。面對隨隊人員名額的嚴格限制，團隊中可隨行的僅有醫生和物理治療師，而未能安排護士，甚至殘疾運動員也需要照顧者和志願者的陪伴。這一切都讓每一項安排充滿了挑戰與艱辛，卻也體現了大家的堅持與奉獻。

梁醫生回憶道：「在巴黎，團長會議每天清晨七時半準時開始，那一刻，我深感肩上的責任與使命，必須守護整個團隊的運作。」除了承擔預定及安排的工作之外，他也要隨時隨地處理突發的問題。當賽會安排突然有變時，他要迅速應對，以確保團隊在這十多日的比賽中能夠有序運作。此外，還需在巴黎的午夜時分接受媒體的訪問，讓香港市民能與香港隊保持資訊同步，能夠共同感受這份榮譽。「在賽場上，運動員比我更清楚自己的任務，他們背負着榮耀的使命，代表着中國香港參賽。教練和選手們深知，每一場比賽都是他們的舞台，必須發揮出最好的自己。不僅是運動員，連同教練、工作人員，整個團隊都在努力將最佳狀態展現出來。這不只是對自身的要求，也是對香港市民期待的回應。」教練和選手們都為了呈現最好的狀態而不懈努力，這份堅持與投入，正是將香港市民對他們的期待轉化為力量。這就是帶領團隊的初心，如同一切的認真準備，最終是要將最真摯、最閃耀的一面展現於世人面前。

各方鼎力支持

中國香港代表團此次能順利踏上前往巴黎的旅程，參加四年一度的殘奧會，這背後蘊藏着深深的感恩與祝福。梁禮賢醫生真摯地感謝中國香港特區政府的鼎力支持。他表示：「在這段充滿挑戰的路途上，我們龐大的團隊需要資源的援助，尤其是將運動員的比賽器材和輪椅等設備運送到巴黎的航空運輸費用，這是我們成功的關鍵。」正因特區政府的全方位配合與支持，讓他們能夠在賽事中無後顧之憂，全力以赴，使運動員和工作人員共同展現香港人不屈不撓的拼搏精神，照亮殘奧會的舞台。

梁醫生也提及，巴黎主辦方在各方

梁禮賢與胡小玲進行團隊會議。

面的安排妥當，從交通到餐飲，都能讓運動員及工作人員順利適應，沒有水土不服的困擾。作為團長，他深刻理解，這是共同努力的結果，而在這背後如何合理配置人力資源，達到最佳效果，更是他肩負的重要使命。對於運動員的心態，除了在比賽中展現專業素養，更在於通過團隊的高度協作，激發每位選手與教練的使命感，肩負起為中國香港爭光的重任。梁醫生以堅定的語氣說道：「我相信，這就是中國香港團隊出征巴黎的光榮背後，大家共同懷揣着責任感，將香港最璀璨的一面展現於世。」

推動運動產業化

梁醫生堅信，無論對健全或殘疾運動員來說，體育運動的發展必須基於先進的設施與環境等客觀條件，最終的成功之路，在於如何實現運動的產業化。面對全球競爭的加劇，需要更深入地發掘有潛力的選手，鼓勵他們投身於殘疾人運動，這不僅是對運動的熱愛，更是對生命的尊重和追求，而這將是未來不可或缺的使命。「香港的運動發展迫切需要朝着產業化的方向邁

大家共同懷揣着責任感，將香港最璀璨的一面展現於世。

進。在街頭，我們常常能看到殘疾人士，他們如何才能堅定地擁抱運動員的身份呢？他們又為何需要放下自己的工作，全心全意地投身於殘疾運動的生活中？我相信，這正是我們在巴黎之旅背後深思熟慮的方向。希望對於那些渴望進入殘疾運動領域的人來說，至少能保證他們的生活有足夠的支持，讓他們能無懼地追尋心中的運動夢想，這樣他們才會發現，成為運動員實是一段充滿喜悅的旅程。」

「在香港，我們全力以赴地推動殘疾運動的產業化發展。例如我們應該努力舉辦更多的賽事，甚至讓本地的比賽成為國際賽事的計分賽，正如中國香港田徑總會主辦的渣打國際馬拉松般成功的範例。透過舉辦大型國際性體育比賽，除了讓香港運動員有主場之利，亦可以吸引更多的商業贊助，為運動員提供更廣泛的支持。如今，香港的啟德體育園已落成，這是一個極佳的賽事舉辦場地，具備了良好的條件。我們的使命，不僅是推動運動的發展，更是希望每位參賽者能在這條路上獲得自信與希望，展現他們無限的潛能。」

事實上，除了殘疾運動員受益之外，體育產業化能為有志於殘疾運動的年輕人開闢更多的發展選擇，並創造出更加豐富的工作機會，使他們在這條道路上站穩腳步。這些機會涵蓋了各種體育項目的安排、教練、級別鑒定、組織工作到宣傳推廣，甚至包括行政支持，這些都依賴專業人士的投入，從而推動整個行業的擴張與專業化。香港市民在賽場上見證運動員們拼搏的瞬間，但卻鮮少有人注意到那背後默默奉獻的無數人和事，這些資源的合理分配同樣是成功不可或缺的重要元素。

不論是去年的巴黎殘奧會，還是未來的運動產業化，梁禮賢醫生認為他們必須適應環境的變化，勇敢面對挑戰。正如運動員在比賽中並不是每次都能順利，逆境也會隨之而來。在發展殘疾運動的過程中面臨着諸多挑戰，尤其在目前醫療技術先進的社會中，適合投身於殘疾運動的人選愈來愈少。資源的分配與在國際殘疾運動界爭取話語權，也是一項艱鉅的任務。然而，正是這些挑戰將殘疾運動推向更專業化的未來，也是梁醫生這一代人對殘疾運動發展的美好願景與期盼。在這追尋卓越的旅程中，梁醫生希望每位參與者都能深刻感受到這份使命的重要意義，努力讓每一個夢想變成現實。

胡小玲 女士

中國香港殘疾人奧委會行政總監

香港市民透過電視直播，見證殘疾運動員在 2024 年巴黎殘疾人奧運會上屢創佳績、圓滿完成各項比賽。這份榮耀背後，凝聚了無數幕後團隊的默默付出，一些平日鮮為人關注的工作，其實有賴一班殘奧會秘書處團隊的悉心策劃與籌備，使中國香港殘疾人奧運會代表團，得以在這四年一度的殘疾人運動界最高舞台綻放光芒。

籌備比賽事宜

中國香港殘疾人奧委會行政總監胡小玲坦言，為確保這次出戰巴黎殘奧會的運動員及各方面活動得以順利進行，籌備工作在盛事一年多前已經啟動。2024 年巴黎殘奧會有 22 個運動項目，而中國香港共出戰其中 8 個項目，代表團秘書處的工作分為三個大範疇：行政支援、比賽日程及推廣宣傳，團隊不僅要確保賽事順利舉行，更需統籌各項配套安排，甚至與中國香港特區政府的相關歡迎活動，每個環節都要做到盡善盡美，萬無一失。

籌備殘奧會代表團出國參賽，首要任務是妥善安排運動員及支援人員的機票、住宿。在機位安排方面，除了要考量各項比賽裝備運輸，部分殘疾運動員因為需要帶同電動輪椅及比賽專用輪椅等，行李重量往往超出航空公司的規定。此外，秘書處還需為個別運動員準備「太空椅」（飛機專用輪椅），這些都是訂機位時需要考慮的重要因素。胡小玲分享：「由於每班航班對需要特別照顧的人士有一定限額，輪椅人士和有嬰兒的乘客同屬於此類別，因此，航空公司較難安排代表團以包機形式出發，故秘書處需安排部分成員分開航班出發。以硬地滾球隊為例，除了運動員本身需要電動輪椅及輔助器材外，每位選手還需配備最少一名隨行照顧員，令其航班出團人數會較多。此外，輪椅劍擊及射箭的裝備均有一定重量，面對每人只有不多於 23 公斤行李限制，必定會超重。幸好，這次獲得到國泰航空公司贊助，豁免了所有超重行李費用，這可說是對秘書處及一班殘疾運動員的莫大支持。」

胡小玲特別提到，是次之飛往法國的

中華基督教會基順學校為支持出戰賽場的 23 位殘疾運動員，特地設計並製作了專屬明信片，上面印有每位運動員的個人肖像。

學生為運動員撰寫打氣明信片。

航班全部安排了夜間航班，航空公司亦貼心地安排代表團成員可以享用機場貴賓候機室，甚至劃設獨立專區，讓運動員能專心用膳。她衷心感謝國泰航空公司對團隊的照顧，無論是出發及回程航班上的安排，以及各種裝備器材的運送，都使團隊教練及運動員相當安心及滿意。

在選手村安排方面，胡小玲領導的秘書處為了讓中國香港運動員在外地比賽都能感受到歸屬感，特意安排兩位秘書處同事提前四至五日抵達巴黎選手村，除了必須的房間分配外，當然要在住宿區域的當眼處懸掛中國香港特區區旗，而香港的特殊學校為了替出戰的 23 位殘疾運動員打氣，特別製作了其肖像明信片，及繡了每位運動員姓名的毛巾，秘書處也特意將這些明信片張貼在選手村內，希望進一步提升運動員士氣，在比賽中爭取佳績。

最令秘書處感到難忘的，莫過於三部物理治療器材失而復得的經歷。胡小玲憶述：「由於奧運會在殘奧會之前三星期舉行，故當中國香港奧運團隊完成比賽後，將價值十多萬的三部物理治療器材留在選手村內大會特設的房間內讓我們交接，沒想到當我們到埗後，發現三部由大袋封好的器材竟變成了一堆衣服，令我們頓時手足無措，只好立即報警處理。我們當時的臨時解決方法，是向大會借用物理治療器材，但是效果一定未如理想，幸好有一位中國籍義工協助我們四處尋找，始終該三

中國香港殘疾人奧委會行政總監胡小玲與泳隊選手小飛魚吳卓恩接過印有自己肖像的打氣禮物。

姚靜儀校長與學生親自向運動員派發打氣的明信片及繡有他們姓名的毛巾。

部器材體積不小，盜竊者要運出選手村並不容易，很可能在經過行李運輸帶時就會引起工作人員懷疑。最終，在這位中國籍義工及秘書處鍥而不捨的努力下，最終在選手村其中一個停車場的角落尋回，當時各人真的激動得差點落淚。」

至於巴黎殘奧會比賽期間，當地天氣頗為炎熱，而且選手村沒有冷氣供應，胡小玲指出，安裝合標準型號的流動空調，必須與巴黎奧組委有共識，在得到中國香港特區政府支持下，與港協暨奧委會協調下，為所有奧運及殘奧會運動員添置流動空調，使運動員在艱辛的比賽過後，回到選手村有舒適環境休息。

除了運動員及教練團隊等各項工作安排，胡小玲提到接待中國香港政府官員的各項活動也需做到最好，畢竟這些活動是特區政府最高規格的盛事，包括在香港國際機場的出發壯行儀式、授旗典禮，以及團隊回港時在機場接受傳媒訪問等歡迎儀

中國香港殘疾人奧委會行政總監胡小玲遇上盡責的巴黎義工，為團隊安排比賽事宜。

運動員在巴黎遇上來自香港的義工為他們打氣，倍感溫馨。

式，秘書處都與中國香港政府各單位緊密配合，確保萬無一失。

觀眾到場打氣支持

相比起 2021 年的東京殘奧會，兩屆都有參與其中的胡小玲形容，今次巴黎殘奧會的氣氛終於回復正常，甚至可謂非常熾熱，畢竟東京殘奧會受疫情影響，賽場沒有現場觀眾，雖然比賽場館會播放打氣和拍掌聲，觀眾座位上更放有人型的椅套，但比起這次的「真人」助威，確實有天壤之別。「其中劍擊項目的大皇宮場館氣氛真是相當熱烈，由於觀眾席以鐵板搭成，而且放置在場館兩邊，故當觀眾全程投入，用腳猛烈踏地打氣，莫說我們工作人員感受到那震地之勢，就連運動員也因此受到激勵，這是我在今次巴黎之旅，另一件難忘的事。」

胡小玲亦有提到，不少中國內地和香港的民眾也專程到來，甚至申請做義工，為的是到現場為中國香港殘疾運動員打氣，秘書處亦會第一時間通知參賽運動員，藉此振奮選手信心與士氣。以硬地滾球為例，便有一位香港義工前來觀賽及打氣，令硬地滾球選手士氣大振，最終為中國香港代表團贏得三金兩銀佳績。

贊助商贊助

與以往相比，如今的中國香港殘疾運動員得到不少贊助商垂青而有優厚待遇，各界都十分支持。1 月 26 日的賽馬日，就以殘奧會冠名，香港賽馬會亦於同日舉行支票頒贈儀式，向巴黎殘奧會奪牌，及排名四至八名的運動員發放逾港幣 1250 萬元獎金，令是次巴黎殘奧會香港代表團獲得史無前例的贊助，包括信和集團黃廷方慈善基金和顧積善堂慈善基金給予運動員各 10 萬元獎勵金，亦有香港馬主協會的 2 萬元利是作獎勵，還有兩年中國工商銀行亞洲合共港幣 4.8 萬元的信用卡免找數簽賬贊助、FILA 提供港隊制服贊助、GERMAGIC 提供消毒用品、日清的食品贊助及獲指定醫療保健夥伴保柏香港等贊助，使選手更能感到被重視，也讓他們覺得能代表中國香港比賽是一份無比光榮。

學業與運動雙軌發展

在加入中國香港殘疾人奧委會之前，胡小玲任職香港特殊學校校長，多年來一直從事與服務殘疾朋友密不可分的工作，故明白到特殊學校為中國香港殘疾運動發展的重要性及貢獻。從以往的「神奇小子」蘇樺偉，到現在的雙金牌選手何宛淇等，都是從特殊學校發掘出來，而今次出戰巴黎的 23 位運動員，就有 17 位出身於特殊學校。

「我希望校長們能繼續發展學生的運動興趣，令具潛質的年輕人，能夠兼顧學業同時，也可放心在運動上發展。我相信只要令這些學生盡快走上軌道，他日必可

行政長官李家超出席巴黎 2024 殘疾人奧運會中國香港代表團授旗儀式，並與團長、參賽的運動員及教練交談。

成為殘疾運動界天王巨星。事實上，現在大學也能為殘疾運動員提供配合，像陳浩源、朱文佳等選手，也可一邊發展運動，一邊攻讀課程，延長學習年期，這就可兼顧學業與運動雙軌發展，相信特殊學校及學生運動員也可做到這點。」

胡小玲最後感謝中國香港特區政府買下巴黎殘奧會的電視轉播權，使選手在社會的認受性及迴響更大，因為殘疾運動員本身就是象徵「沒有不可能」，先天或後天身體缺陷，並沒有令殘疾運動員卻步，他們勇敢地站在賽場，如同給市民注入了一劑強心針，向大家展示了如何在逆境中奮勇前行。而且，這種精神不僅體現在他們的運動員生涯中，即便退役後，也能以自身故事作為一個標誌人物，激勵更多的人，這對於社會絕對是一件好事。

接下來

我們將走進這些運動員及教練的

訓練場與內心戰場

第 1 章

破浪者

游泳

游泳

殘疾人游泳是最早被列入為殘奧會的運動項目之一，首次亮相於 1960 年首屆羅馬殘奧會。自那時開始，游泳已經成為深受歡迎的殘奧會項目，因為這項運動直接簡單，不需要任何特定的設備（不允許使用假肢），所以各種殘疾的運動員都可以參加游泳比賽。殘奧會游泳包括四種泳姿（蛙泳、背泳、蝶泳、自由泳）及混合泳，皆有不同距離的比賽。中國香港共有 5 名運動員獲得 2024 年巴黎殘疾人奧運會參賽資格，包括吳卓恩、陳睿琳、張可盈、張浚諾及鄧韋樂。

級別鑑定

包括所有類型的殘疾，包括肢體障礙及智力障礙。

等級劃分

字母：S（Swimming，游泳）

數字編號

1 到 10= 肢體障礙，
11 到 13= 視覺障礙，
14= 智力障礙。

比賽規則

所有運動員都將按照其殘疾分級來參賽，以確保比賽盡可能公平。游泳運動員可以選擇跳台入水，如果他們身體情況不允許的話，可以選擇在水中出發。如運動員不能自己抓住起跳台握把，將得到工作人員的幫助。對於視力障礙的運動員，工作人員將對其進行引導。當他們在比賽過程中接近池壁時，引導員會利用提示棒敲擊運動員的頭部提示。

注意：SB 級為蛙泳／ SM 級為混合泳。

慈父教練

江俊賢 總教練

歷年主要賽事

- 杭州 2022 亞洲殘疾人運動會
- 2023 年 Citi 殘疾人游泳世界系列賽 – 柏林站
- 2024 年 Citi 殘疾人游泳世界系列賽 – 新加坡站

江俊賢教練的體育生涯始於中國香港游泳代表隊，這段選手經歷為他日後的教練工作奠定堅實基礎。2015 年底，他迎來職業生涯的重要轉折——中國香港泳隊前總教練陳耀海先生的一通來電，邀請他參與正值改革階段的殘疾人游泳隊教練工作，江俊賢就此加入訓練工作。起初他只是助理教練角色，及後轉任為總教練，展開了帶領殘疾泳隊出賽生涯。

榮耀背後

去年巴黎殘疾人奧運會上，「小飛魚」吳卓恩成為中國香港歷來於殘奧會奪獎牌的最年輕選手，這份榮耀的背後，江俊賢教練的付出和心血同樣重要。從賽前的籌備工作、訓練，甚至心理調控等，江教練也要全方位兼顧，當中一同經歷挫折與突破、失落與喜悅，唯有真正感受過才能體會這份深刻的情感。

江俊賢在巴黎殘奧會帶領當時只有 14 歲的吳卓恩出戰三項比賽，包括女子 100 米背泳、100 米蛙泳及 200 米個人混合泳，最後卓恩於擅長項目 100 米蛙泳勇奪銅牌，首次參加殘奧會便贏得獎牌，江教練的戰術部署功不可沒。由於卓恩的主項 100 米蛙泳於比賽第四日才舉行，江教練把握第二日比賽進入決賽的階段，讓卓恩提早適應一次參與決賽的流程，「預演」一次後，這對於她兩日後的 100 米蛙泳比賽有很大幫助，而最後結果證明這個部署確實成功。

江俊賢的部署除了臨場計劃外，賽前

我最感動的是除了見證運動員的進步，還有看到他們的家人因泳手成功而綻放的喜悅。

工作也相當充足，最重要的當然是從其他世界系列賽及錦標賽中累積足夠分數，精準計算參戰哪些賽事較為容易取分，並制訂巴黎賽事訓練計劃。抵達巴黎後，江教練也要照顧卓恩的飲食，避免因水土不服出現「意外」，而運動員的心理調適是一項極大挑戰。「由於殘奧會是運動界最頂級賽事，卓恩年紀尚小，連我在現場也感到過萬名觀眾的場館帶來的壓迫感，相信卓恩亦會緊張，故我有為她進行心理輔導。今次巴黎之行對自己來說，最難捱是卓恩進去召集室後，等待出場比賽的時刻，心情相當緊張。」

從挫折到突破

見證吳卓恩以稚齡之姿登上殘奧會頒獎台的瞬間，江俊賢教練難掩激動之情，始終看着親自培育的運動員逐漸進步，直至取得巨大成就，那種心情確實只有教練才明白。這面巴黎殘奧銅牌的背後，蘊藏着一段寶貴的失敗經驗。失敗乃成功之母，2023 年中國杭州亞洲殘疾人運動會絕對是巴黎奪牌的序幕。「杭州亞殘運會出現的泳鏡脫落意外，令游泳動作犯規遭取消資格（DQ），所以今次巴黎之旅，賽前自己都很緊張，沒辦法放鬆，唯有比賽前為卓恩做好準備，直至比賽完畢後，看見她獲獎才可鬆一口氣。」江教練補充。

作為游泳選手出身，江俊賢在訓練上自然對隊內殘疾運動員有所要求，但亦會透過很多運動科學方法，幫助提升泳手技巧，包括利用儀器測量各泳手的心跳，甚至利用香港體育學院游泳池的攝影鏡頭，記錄泳手每一下划水動作、姿勢，再利用電腦分析，這些體育科學上的協助，令教練更能針對各泳手的長短處調節訓練量及方式，而練習工作上會安排殘疾泳手分隊比賽，希望透過競爭，帶起隊內士氣。江教練提到中國香港殘疾人奧委會在今次巴黎之旅上亦幫助教練及運動員不少，包括出賽前的報名工作，提前到法國視察選手村情況，以至安排物理治療師協助運動員復原等，都一一顧及到，沒有團隊的幫助，是不可能順利完成這次賽事的。

對於吳卓恩於巴黎上的亮眼表現，江俊賢很感激卓恩及其家人一直以來的信任，亦基於大家有着共同目標，使一直以來的訓練取得成果。「我最感動的是除了見證運動員的進步，以及贏得獎牌外，還有看到他們的家人因泳手成功而綻放的喜悅，猶如見到一位稚氣的小孩終於出人頭地。我最記得有一次，卓恩在亞殘運會大賽中不小心犯規被DQ，那刻我覺得好像辜負了她及其家長，而這次失誤是自己事前留意不到，因而錯失獎牌。」經過杭州亞殘運會失誤，江教練其後在訓練上要求泳手適應在沒泳鏡的狀態下游泳，避免被取消資格的風險。

消防員與教練的雙重身份

在這段培育殘疾游泳選手的旅程中，江俊賢總教練特別感激太太無私付出，令他可專心培育運動員。「太太在照顧家庭及子女上投放了很多精神和時間，她本身也是一位游泳教練，故當我在訓練上遇上瓶頸位時，太太會從一些特別角度，甚至分享親身經歷分析我的難題，幫助我突破困境。另外也要感謝團隊內其他教練，因為自己需輪班工作，有時無法參與運動員訓練工作，團隊內其他教練會補位、幫忙，甚至互相提點，幫助我解決當中不少問題。」

江教練除了任職殘疾人泳隊總教練外，本身亦擔任消防局文職工作，需要輪班，基本上工作已佔去大部分時間，但他認為這種付出是值得的，雖然睡眠時間壓縮了，但自己卻樂在其中，尤其看見運動員成功，那種滿足感是無價的，也願意為喜歡事情犧牲私人時間。

回首這些年來的轉變，江俊賢教練見證了香港殘疾運動發展的重要歷程。以往殘疾運動員沒太多曝光機會，比賽也沒多人關心，到了現在殘奧會由電視台轉播，選手被香港市民認識，得到社會認同及認可。江教練希望透過傳媒的報道，使香港市民更能了解殘疾運動員背後的奮鬥故事，使運動員，甚至是殘疾人士得到更平等對待，也是他作為教練的心願。

教練如父

展望未來，中國香港殘疾人游泳代表隊將迎來兩大重要賽事：今年底的全國第十二屆殘疾人運動會暨第九屆特殊奧林匹克運動會，會是中國香港殘疾人游泳代表隊爭取好成績的良機；其次是 2026 年日本名古屋亞殘運會。年僅 15 歲的吳卓恩是兩個賽事奪牌的希望。談及愛徒吳卓恩，江教練直言會在訓練上作出協調，以讓她的泳手生涯可延長下去。「我們在卓恩的訓練中會加入重力練習，但不會太多，主要原因是她的年紀尚小，體格仍有發育空間，而體能及心理方面同樣有進步空間，故不會在她的運動員生涯初期便過分強化，讓其泳手之路走得更遠，可能到她 20 歲才於訓練上作大幅調整更合適。」除了專業訓練，江教練更如父親般關心卓恩的日常生活，例如從學校到訓練場，或者體院回家路上，江教練也會特意順載一程，盼減少她在路途上的疲勞，正如他所講，會視卓恩如自己的女兒一樣，希望她能健康快樂地成長。

身兼消防局文職、泳隊教練與家庭角色的多重身份，應付如此密集的工作，還有家庭生活，少點體力與意志支持都不能，江俊賢能夠三方面兼顧，他認為最重要是保持自己的初心。「我希望自己永遠都能保持初心，並繼續將運動員放在第一位，希望他們不要太介意我的嚴苛教導，因為這是運動世界必須有的心態，只要相信有付出，收穫就會自然來。」任職中國香港殘疾人泳隊教練工作剛好十年時間，江俊賢相信殘疾運動員其實思想上與健全人士沒太大差異，或者殘疾人起初時會因害怕與陌生人接觸，顯得比較內斂，但只要認真對待、設身處地了解他們，那自然會建立到一個傷健共融的世界。江俊賢教練在 2025 年 7 月獲政府頒授行政長官社區服務獎狀，以表揚他為香港殘疾運動作出卓越貢獻。

泳池邊的引路人

梁淑盈 總教練

歷年主要賽事

- 東京 2020 殘疾人奧運會
- 曼徹斯特 2023 世界殘疾人游泳世界錦標賽
- 杭州 2022 亞洲殘疾人運動會

聚光燈下，掌聲如雷。在「2023 年賽馬會香港優秀教練選舉頒獎典禮」上，梁淑盈教練獲選為全年最佳教練之一，證明這位中國香港殘疾人游泳隊總教練在訓練上的顯著成效，以及她在泳隊中深得各人尊敬。

從泳者到教練的蛻變

梁淑盈本身是游泳運動員，退役後轉任教練，由代表隊 B 隊開始執教，逐步晉升至 A 隊總教練。2024 年的巴黎殘疾人奧運會上，陳睿琳於女子 S14 級 100 米蝶泳打破自己保持的亞洲紀錄，勇奪銀牌，成績斐然，除了運動員的努力成果，作為總教練的梁淑盈在平時訓練也下了不少功夫。多年來，梁淑盈看着代表隊泳手成長，各人在不同項目上取得佳績，這都是對她堅持不懈的最好回報。

巴黎殘奧會作為中國香港殘疾人泳隊一項重要賽事，梁淑盈作為總教練，需要與教練團隊在備戰部署上有周詳的時間表。自 2023 年 10 月的中國杭州亞洲殘疾人運動會結束後，她便着手籌備不足一年後的巴黎殘奧會，無論是運動員的狀態、心態調節工作等，都需要妥善規劃與執行。陳睿琳這次在巴黎殘奧會為中國香港贏得代表團於賽事中第一面獎牌，很大程度在於梁教練與運動員之間的良好溝通。「以睿琳為例，賽前會着重跟她的交流，因為失落上屆東京殘奧會，大家檢討了當中原因，而今次巴黎賽事前，我先在心理建設上做功課，給了睿琳一本時序簿，讓她自由地記錄每日訓練心情，透過這本時序簿，便可更了解她每週練習心理狀態，然後在傾談時開解她。」

打開選手心門的鑰匙

梁淑盈教練相信直接與運動員傾談溝通，能令選手進一步增強信心，從而在關鍵時刻發揮作用，因為殘疾運動員有時心理頗為複雜，或者早已認定自己想法，不容易被別人改變，有時更會「小事化大」。梁教練在訪問中舉例，曾有位隊員因收到同儕誤將「世一」打成「細一」的訊息而整日鬱鬱寡歡，但其實只是手民之誤，常人眼中的微小錯失，都可能影響殘疾運動員的心理狀況。在巴黎賽場上，當陳睿琳奪得銀牌那一刻，梁淑盈強忍着想立即擁抱愛徒的衝動。「既要為睿琳高興，也要顧及其他隊員感受。」她細膩地平衡着團隊情緒，這種教練智慧，讓香港泳隊始終保持團結向上的氛圍。

梁教練在執教工作上經驗豐富，尤其重視與運動員的溝通交流，觀眾或許只看見選手在比賽上以獎牌目標，表現充滿拼勁，其實背後也需教練支持與鼓勵，透過對話幫助運動員消除自我懷疑的心理障礙。以睿琳為例，在巴黎殘奧會前的訓練，梁教練每星期都會與她深入交流，指導她要為自己訂立小目標，透過逐一完成小目標，最終達成整體訓練效果的提升。睿琳一直以突破 1 分 03 秒為目標，最後成功達標，作為教練的梁淑盈也替她開心，證明泳手肯下苦功便會進步，運動員也透過出色成績肯定了自己能力，建立起強大自信心。

杭州亞殘運會三面區旗同時升起

梁淑盈作為總教練，始終秉持「全隊發展，公平對待」的執教理念，並不偏心有機會奪獎牌的選手，而是顧及整個團隊發展。2023 年杭州亞殘運會上，鄧韋樂、張浚諾及黃漢彥於男子 S14 級 200 米自由泳包辦三甲，頒獎禮時掛上香港特別行政區區旗，是梁淑盈教練生涯其中一個感觸時刻，雖然賽前他們已經被視為奪獎熱門，最終游出絕佳成績來，當刻確實難掩興奮心情。

對於年僅 19 歲的新星張浚諾，梁教練認同他是一位很有潛質的泳手，去年巴黎賽場，首度出戰殘奧會便晉身男子 S14 級 200 米自由泳決賽，成績僅次於「大師兄」鄧韋樂，名列第八，故梁教練希望這位新星未來以爭取更多佳績為目標，使其殘疾運動員生涯發光發熱。

在競技體育的舞台上，當運動員站上頒獎台時，鎂光燈往往只聚焦於選手身上。然而，梁淑盈亦想感謝中國香港殘疾游泳隊的各位教練，如果沒有團隊精神，泳隊是不能走到這一步，甚至於殘奧會中奪獎。她亦感激在總教練路途上，身邊的教練、體能教練及職位分工上的專業人士，能了解自己想法及意向，彼此合作無間。現時代表隊選手均集中在香港體育學院訓練的模式，令運動員更專心練習，雖則很多殘疾泳手自理及自我照顧能力與健全人士沒有兩樣，但毋須為訓練四處奔波，對於他們來說已是很好的支援。

透過香港體育學院提供的訓練場地，梁教練可利用錄影器材，將每個泳手練習的泳姿、時間統統記錄下來，利用練習得來的數據，仔細地提升運動員能力。教練與泳手同樣會重溫比賽片段，從中研究游泳動作細節，日後針對地改善弱點，所以穩定的練習場地確實有助運動發展，而參與各項比賽除了為大賽爭取更多分數及達標外，運動員利用實戰「升呢」同樣是重要一環。

另外，梁教練指出，在運動員狀態恢復上，科技的進步也提供了很大幫助。「運動員訓練後總會出現肌肉疲勞，而在狀態及體能回復上，現今科技有很大幫助，尤其是游泳肌肉動用時間極多，訓練後的按摩也變得重要。至於現在的物理治療同樣重要，可令

在泳隊中，隊員們互相陪練、良性競爭，這種氛圍能讓運動員進步得更快更好。

選手受傷後，得以更快康復。」

香港殘疾人游泳的未來

隨着科技進步與訓練方法革新，全球殘疾人游泳競技水平正快速提升。梁教練以陳睿琳參與的女子 S14 級智障組別為例，指出世界各地有很多優秀選手均為同一級別，競爭日趨激烈，所以未來希望會有更多年輕殘疾泳手加入代表隊，讓現有泳手晉升至更高梯隊。「隊內有部分泳手年紀已偏大，盼未來有更多年輕泳手能參加泳隊，效力國際賽事，為香港殘疾人游泳代表隊注入持續發展的動力。」

游泳雖然看似是個人競技項目，但梁淑盈教練特別強調團隊訓練的重要性：「在泳隊中，隊員們互相陪練、良性競爭，這種氛圍能讓運動員進步得更快更好。」她指出，獨自訓練反而容易讓選手產生放棄的念頭，而團隊的相互扶持能幫助大家堅持下去。梁教練表示，泳手能夠加入泳隊，父母的支持也同樣重要，尤其作為 A 隊運動員的父母，都盼望子女游出好成績。「泳手心態很正面，目標是要達到最佳成績，衝破極限，從而於賽事中取得佳績，就好像陳睿琳、張可盈、鄧韋樂、張淩諾一眾泳手，過去多年奮戰下收穫各人自己理想成績。」

正如梁淑盈教練所言，獲選「2023 年度香港最佳教練」的意義，就是時刻提醒自己持續進步，這才不會辜負這個教練獎項及生涯所付出過的努力，甚至別人對自己的重要肯定。人不需追求完美，但一定要對自己有要求，將每件事做到最好。今年，梁教練與香港殘疾人游泳代表隊，會朝着第十二屆殘運會暨第九屆特奧會進發，冀能於成績上作出突破。梁淑盈教練在 2025 年 7 月獲政府頒授榮譽勳章，以表揚她為香港殘疾運動作出卓越貢獻。

十四歲小飛魚

出賽時獲得中國香港代表團成員，包括特區政府官員、團長、運動員等現場支持，非常感動。

歷年主要賽事成績

杭州 2022 亞洲殘疾人運動會 - 女子 S6 級 100 米背泳 銅牌

曼徹斯特 2023 世界殘疾人游泳世界錦標賽 - 女子 SB6 級 100 米蛙泳 銀牌

2023 年 Citi 殘疾人游泳世界系列賽 – 柏林站 - 女子 SB6 級 200 米蛙泳金牌

2024 年巴黎殘疾人奧運會女子 100 米蛙泳 SB6 級決賽，吳卓恩以 14 歲之齡勇奪銅牌，成為香港史上最年輕殘奧會獎牌得主。吳卓恩佩戴獎牌向觀眾致意。

吳卓恩
PARIS 2024

巴黎殘奧會的泳池水光閃閃，映照出頒獎台的光芒。有「小飛魚」美譽的吳卓恩，去年以 14 歲之齡在巴黎殘疾人奧運會上綻放異彩，贏得女子 SB6 級 100 米蛙泳銅牌，首次出戰殘奧會已經奪得獎牌，實力的表現之餘，更預示着這位年輕泳將未來無限的可能。

國際友誼與成長

患有輕度侏儒症的卓恩，早在九歲便在香港體育學院接受訓練，她的天賦在 2018 年香港殘奧日上被發掘，當時與現任中國香港殘疾人奧委會副會長梁禮賢醫生會面，他認為卓恩很適合在殘疾人游泳隊發展，因而開啟了她的泳隊生涯。去年征戰殘奧會，對於很多 14、15 歲的中學生來說，可能每天也忙着趕功課，而對卓恩而言，除了需要專注學業外，每天放學後，更要背着大書包趕到香港體育學院，進行恆常練習，目的就是要在世界各地賽事，表現出自己游泳才能。

年紀輕輕就能夠代表中國香港出戰世界大舞台，吳卓恩自言這次巴黎之旅，除了贏得一枚意義重大的獎牌外，最開心是認識了來自世界不同國家的泳手，大家彼此稱讚，那份國際之間友誼，肯定是比賽以外最大收穫，卓恩分享與英國及日本選手特別投契，完成賽事後大家有保持聯絡，透過社交平台 Instagram 傾談近況，互相問候，讓她認識更廣闊的世界。

她憶述訓練時的苦況，這份榮耀背後，是常人難以想像的堅持。「最難捱的應是有氧訓練程序，需要練習閉氣，因為自己的心肺功能不好，所以這種練習對我來說都比較辛苦。還有起步入水動作，為了改善到一秒入水，要不斷的練習反應。」為了將入水反應時間縮短，她重複練習數百次，直到指尖因長時間浸泡而發白起皺。「終於，我在去年 5 月後練出成果，反應時間快了！」卓恩禁不住微笑，彷彿那一刻，所有的汗水與淚水都化為前進的動力。

吳卓恩（左一）於女子 100 米蛙泳 SB6 級奪得銅牌，與金牌（中）、銀牌（右一）得主合影留念。

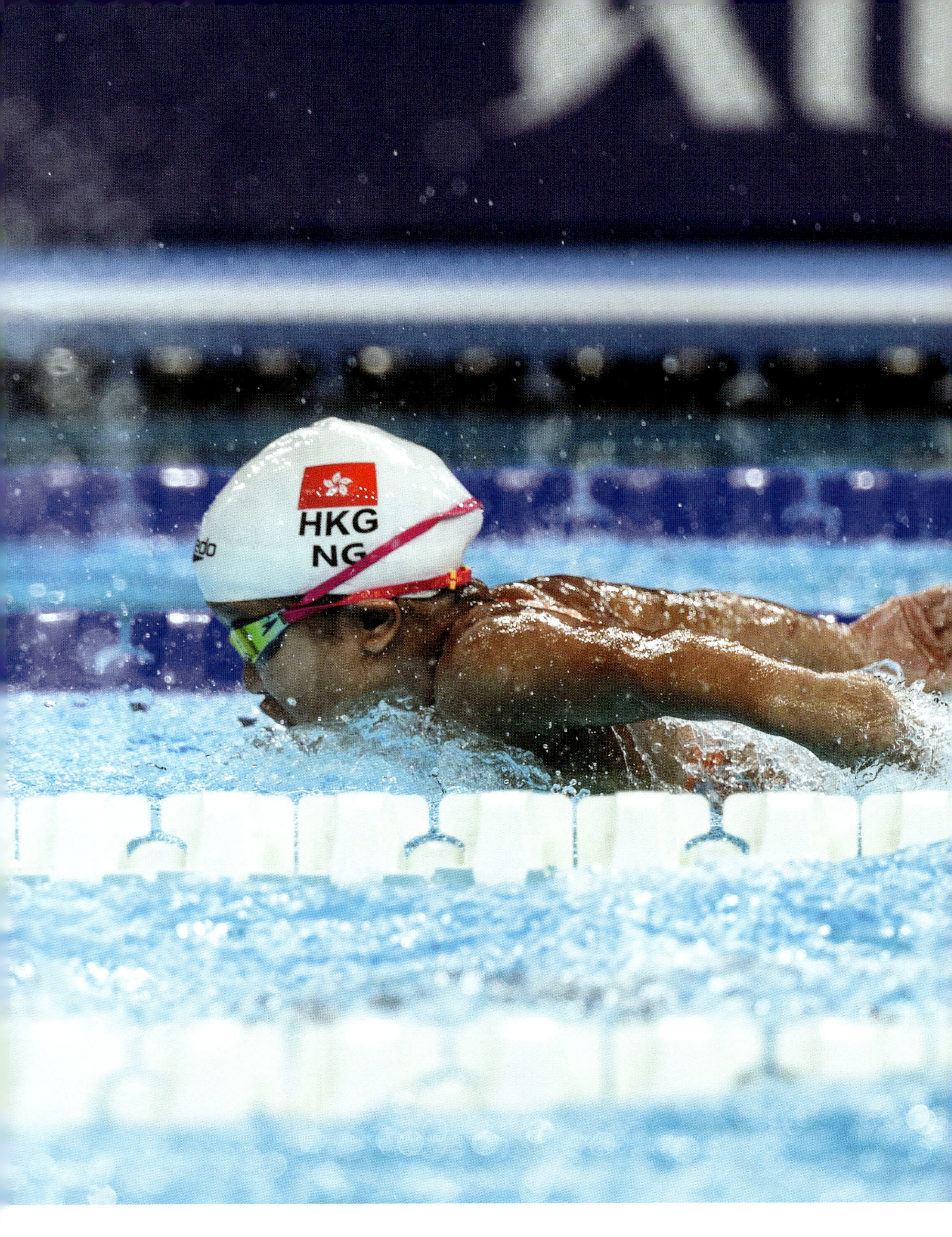

吳卓恩全力衝刺，展現驚人爆發力與技術。

銅牌光芒

正所謂經一事、長一智，吳卓恩與教練江俊賢於巴黎殘奧會時會再三檢查出賽的裝備，確保不會出現意外。回想2023年的中國杭州亞洲殘疾人運動會，她發生泳鏡脫落意外，以致犯規被取消資格，故今次巴黎的比賽事前工作更為嚴謹，避免重蹈覆轍，那時的大意，如今化作備戰巴黎的謹慎。

對於巴黎殘奧會得到這麼多香港市民支持，吳卓恩高興殘疾運動員獲得廣泛認受性，賽後也參與很多公開活動，與市民接觸多了，自然更廣為外界認識。相比三年前東京殘奧會需要閉環進行，獲得的關注較少，而去年的賽事，獲得了香港市民前所未有的熱情支持，電視轉播更成為市民為運動員加油打氣的重要渠道。「出發到巴黎當天，很多傳媒界人士到來採訪，場面熱鬧，而當我離境入閘時，獲得很多香港市民大叫加油，為我們打氣，到了巴黎，出賽時獲得中國香港代表團成員，包括特區政府官員、團長、運動員等現場支持，令我非常感動。」

卓恩首次參加殘奧會，自言出賽前心情確實緊張，「面對完全陌生的賽場，所有事情都是未知數。尤其是出戰首項比賽時，自己未有過在殘奧會比賽的經驗，難免戰戰兢兢。」不過，進入主項目的蛙泳，信心增強使她游出相當好成績，成為中國香港歷來在殘奧會上最年輕的獲獎選手。

與隊友們的友誼

在中國香港殘疾人游泳代表隊中，吳卓恩與陳睿琳及區樂詒可說是最好朋友，其中陳睿琳於巴黎殘奧會上亦摘下女子S14級100米蝶泳銀牌，卓恩自己亦有獲獎，所以出戰這次殘奧的成績特別難忘，而卓恩亦從兩人中的游泳技術得到很多啟發，甚至比賽中互相提場，鼓勵大家一路向前，為未來造出更好成績訂下目標，故彼此間存在深厚感情。

提到目標，吳卓恩希望自己成為下一個像「香港女飛魚」何詩蓓般成功的泳手。「我覺得何詩蓓在游泳路上向明確目標進發，不斷挑戰自己，因而可以在泳池造出好成績。正如她的一席話：平時訓練比起比賽時更重要，自己因此得着不少。」事實上，卓恩於訓練為了提升自己技術，與江俊賢教練也有足夠交流，包括轉身時速度提升，跳水時反應，卓恩透過江教練拍下錄影片段，研究出最好姿勢，務求在每個比賽做出好成績。

至於吳卓恩最難忘的一次佳績，是2023年5月在德國舉行的殘疾人游泳世界系列賽柏林站，當時才13歲的卓恩已經在早前的新加坡站贏得

HKG
NG
PARIS 2024
PARIS 2024

女子 100 米蛙泳銅牌，從而取得杭州亞殘運及世界錦標賽入場券，而她在柏林站女子 SB6 級 200 米蛙泳決賽，游出 3 分 20 秒 58 成績，打破匈牙利泳手 Szaraz Evelin 於 2022 年創下的 3 分 30 秒 14 的世界紀錄，以總分 928 分力壓其他級別泳手，勇奪金牌，也是目前泳手生涯中最具分量的一個成就。不過，能夠參加世界錦標賽，吳卓恩自言是難能可貴的經驗，但因為只得她一人達標可出戰，並不像世界系列賽般有其他隊友陪伴，於異地一人應付比賽，沒有隊友傾訴，心情難免會緊張。

家人無聲的守護

在游泳生涯上，泳手需要大量支持才能夠游得更遠，向遠大目標進發，吳卓恩稱除了香港市民在巴黎殘奧會期間的打氣外，最重要當然是得到父親悉心照顧。「我很多謝爸爸，也是他帶我認識現任教練，讓教練可發掘到自己的潛能，爸爸也經常向教練查詢我最近的訓練情況，而最記得是 2022 年到葡萄牙第一次出戰賽事，他也有陪伴我到歐洲參賽，也非常了解我的想法，毋需太多說話也能明白我。」

站在頒獎台上的榮耀時刻之外，吳卓恩也面臨許多不為人知的日常挑戰。這位在泳池裏如魚得水的「小飛魚」，在生活中卻常常因為身高問題而遭遇困擾。「放假時都會與朋友到主題樂園消磨時間，但有一些機動遊戲有身高限制，而自己正因為身高問題，無法與朋友一齊享受這些機動遊戲所帶來的歡樂，會有點傷心。」她也表示，當新認識的朋友聽到她的年齡時，都會流露出驚訝眼神，好像很疑惑她的身高和年齡不符。這些也是生活上的難處。

雙倍努力

在旁人眼中，世界紀錄保持者吳卓恩的泳姿應該如魚得水。但很少人知道，這位「小飛魚」每次划水都要付出雙倍努力——「一般泳手只需要划一下手、踢一下腳便完成為蛙式動作，我卻需要划兩下手、踢兩下腳才可游出相同距離。」這都是卓恩比起其他運動員更努力的原因，她自言不會因這種「蝕底」而放棄，反而成為一種動力，專注地向着目標進發。

除了在泳池奮力追夢，現年 15 歲的吳卓恩同樣重視學業發展。為了追趕學業進度，不時要在午膳時間做功課，而就讀中三的她，下學期就要面對選科難題，她心儀科目是體育、地理、物理及化學。對於未來在游泳的發展，卓恩盼在今年底的全國第十二屆殘疾人運動會暨第九屆特殊奧林匹克運動會，以及之前的世界錦標賽取得好成績，長遠目標是爭取 2028 年的洛杉磯殘奧會的入場券。相較於一般 15 歲青少年仍在學業與玩樂間摸索，卓恩已清晰規劃未來十年藍圖——成為全職運動員，全心投入訓練與比賽。這位年輕泳將憑藉獨特的「兩下手、兩下腳」節奏，在泳池中開創屬於自己的一片天，用堅定目光望向成功的彼岸。吳卓恩在 2025 年 7 月獲政府頒授榮譽勳章，以表揚她為香港殘疾運動作出卓越貢獻。

賽事完結後，吳卓恩轉身確認成績，臉上綻放驚喜笑容。

泳隊裏的親情

獲頒銀牌時，其他國家選手和隊友們都來祝賀我，突然覺得整個世界都好溫暖。

歷年主要賽事成績

- 曼徹斯特 2023 世界殘疾人游泳錦標賽 - 女子 S14 級 100 米蝶泳金牌
- 杭州 2022 亞洲殘疾人運動會 - 女子 S14 級 100 米蝶泳金牌
- 維希 2023 Virtus 環球運動會 - 女子 II1 級 100 米蝶泳金牌

中國香港泳手陳睿琳在巴黎殘奧會女子 200 米個人混合泳比賽中全力衝刺，展現卓越實力。

陳睿琳

在中國香港殘疾人游泳代表隊中，陳睿琳這個名字正閃耀着特別的光芒。這位 21 歲的年輕選手在 2024 年巴黎殘奧會上創造歷史——在女子 S14 級 100 米蝶泳決賽中勇奪銀牌，為香港代表團贏得該屆賽事首面獎牌。一夕之間，這位笑容甜美的女孩成為全城焦點，然而榮耀背後，她始終保持着運動員最純粹的初心。面對如潮水般湧來的讚譽，她沒有絲毫驕傲，反而更加堅定地表示會繼續努力訓練，在未來的賽場上追求更好的成績。

兄妹泳池競賽

與不少中國香港殘疾人游泳代表隊成員一樣，陳睿琳是從學校興趣班開始接觸游泳，從閒時興趣，到現在成為獎牌級人馬，一切都是機緣。她的哥哥及姐姐也喜歡游泳，所以小時候經常與兩人在泳池中鬥快，從中鍛鍊出速度與技術，培養了不服輸的性格。儘管睿琳曾經有些氣管問題，導致她一度必須待在家中，但在媽媽的支持下，她得以向老師請求，重新接觸這項運動。可以說，正是因為媽媽的愛心和堅持，睿琳的游泳天賦才有被發掘的一天。

採訪當天，陳睿琳邁着自信的步伐走進來，挺拔的身姿立刻吸引眾人目光。這位身高逾 1.7 米的泳將，渾身散發着專業運動員的氣場，勻稱的肌肉線條、寬闊的肩膀，無一不是經年累月嚴格訓練的見證。「從小我的身高就比同齡人突出。」睿琳回憶道，這個先天優勢讓她早早被中國香港智障人士體育協會發掘，成為重點培養的游泳新秀。在巴黎殘奧會的賽場上，這副體格更成為她的致勝武器，面對各國強敵毫不遜色。當談及站上頒獎台的那一刻，睿琳的眼中仍閃現激動的淚光：「從初賽到決賽，甚至到頒獎台上，現場有很多觀眾報以熱烈歡呼聲鼓勵及支持我，尤其當我以為金牌選手領獎時一定是觀眾最哄動時，想不到我獲頒銀牌時，掌聲更大，我當時真的感觸落淚，那一刻，其他國家選手和隊友們都來祝賀我，突然覺得整個世界都好溫暖。」

陳睿琳於巴黎殘奧會上共參加了六項比賽，其中 S14 級蝶泳能夠晉身決賽，外人或許以為在最終戰上游出好成績的她，在賽前必定自信心滿滿，其實出賽前在等候室那種孤單心情只有她才知道。「因為泳手比賽前都會在等候室等待出場，那時想到教練及隊友均在看台上，而其他選手又正專心一致準備比賽，當時自己一人的確感到有點孤單。」

成長路上的「家人」

在陳睿琳閃耀的獎牌背後，梁淑盈教練始終指引着她的航程。睿琳受訪時回想出戰巴黎殘奧會前三個月，梁教練給了她一本時序筆記本，用來記錄每一天的訓練，不論是否完成了當天目標也要記下，她自言在準備赴巴黎前，心理壓力很大，不時都無法在訓練達標，幸得梁教練開解，心情才回復平靜。「最記得有一次心情真的很崩潰，我打電話給梁教練，邊哭邊訴苦，說訓練真的很辛苦……而教練安慰我之餘，也讚賞我成長了。」因為上屆東京殘奧會成績欠佳時，陳睿琳總是將情緒收起來，但教練說她今次大膽將感受講出來，已經是一種進步。睿琳續說：「我覺得幸運，每次遇上困難時都可聯絡到梁教練，所以很感謝她。」

投桃報李，在巴黎舞台上，陳睿琳帶着梁教練送她的筆記本走上賽場，最終以獎牌來報答恩師。她揚言，如果要送一份禮物予梁教練，希望會是一本回憶冊，有着彼此合照之餘，還記載着相識 10 年如「家人」的深厚情誼，因為不論生活上、學業上、心理輔導上，甚至重要的人際關係，梁教練在睿琳成長路上，傳授了很多有用經驗及給她不少「錦囊」。

在泳池畔的奮鬥路上，隊友們的支持如同溫暖的陽光，始終照耀着陳睿琳的成長旅程。其中，代表隊中的「大師兄」鄧韋樂可說是她的知心隊友，始終韋樂參賽經驗豐富，經常與她分享游泳知識及故事，從中可以提升技術與成績，確實有助自己成長，兩人關係猶如兄妹一般親切。「最記得是上屆東京殘奧會時失落獎牌，韋樂告訴我他也有過同樣經驗，成績不好自然會感到不開心，但這是每位運動員必經之路，所以他很明白我當時的感受，這讓我感到釋懷。」

年紀尚小的泳隊代表吳卓恩，是陳睿琳口中提到關係要好的「妹妹」。睿琳最記得巴黎殘奧會上，當「妹妹」得悉她贏得獎牌後，在後台喊着擁抱她道：「姐姐，你終於奪牌啦！」睿琳形容卓恩當時就像小粉絲一樣，難掩興奮心情。事實上，睿琳於代表隊中確實是一位很受歡迎的成員，當她在巴黎完成所有個人比賽項目，接受完傳媒訪問後返回代表隊時，一大班隊友紛紛遞上汽水「舉杯」與她慶祝，此情此景連睿琳也意料不到。

在代表隊中有着「家人」的照顧，返到家中，陳睿琳一樣有與她年紀相

巴黎 2024 殘奧會閉幕禮上，中國香港代表團由游泳選手陳睿琳和羽毛球選手陳浩源擔任持旗手。

香港泳將陳睿琳以完美入水姿勢展開賽事，展現選手的強大氣勢。

家人的支持對睿琳來說十分重要，令她可以安心出賽。

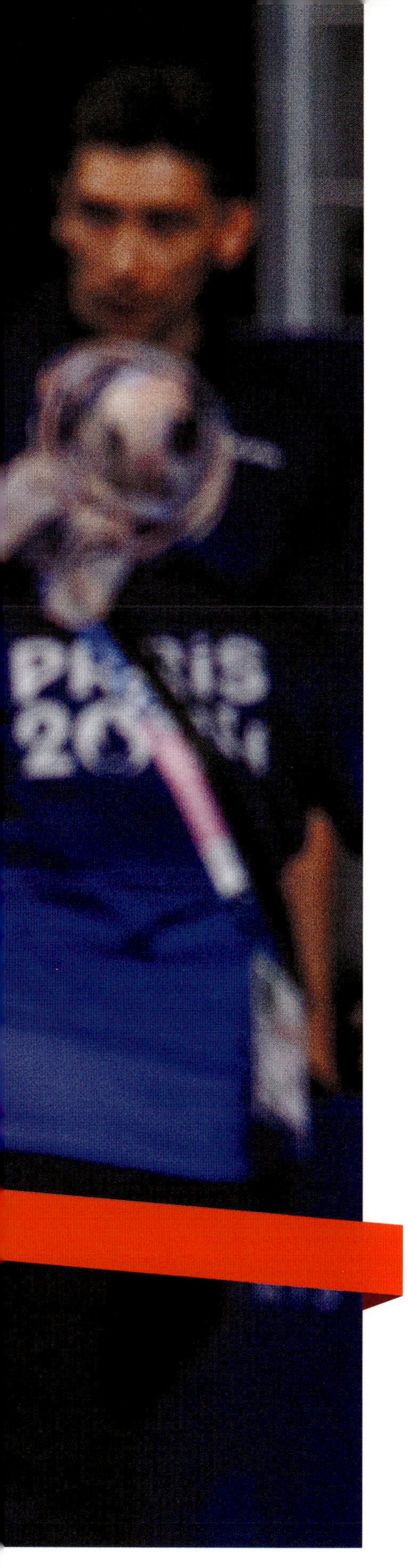

若的哥哥及姐姐寵愛，自小與兩人參與暑期游泳班的她，從巴黎回香港一刻，哥哥及姐姐早已在香港國際機場等待這位殘奧會銀牌得主步出機場閘口，迎接他們最愛的妹妹，他們為睿琳的成就感到驕傲，使她感到無比窩心。能夠維繫三人的感情，除了血緣關係外，就是睿琳的「仔仔」—— 她心肝寶貝的五歲愛貓，平時三人都藉着愛貓的「牽線」，使大家關係更加親密，而睿琳作為運動員，難免要經常出國比賽，那照顧愛貓的重要責任，就交予哥哥及姐姐，令她可以安心出賽。

除了愛貓，睿琳每次出外比賽會帶着她的「吉祥物」—— 唐老鴨公仔，而這個「幸運物品」原來是一次參加國外比賽時，一位日本選手送贈給她的，而當屆睿琳取得不俗戰績，因此她認定這隻唐老鴨會為她帶來好運，從此便在出賽時帶在身邊，大抵巴黎殘奧會上，唐老鴨也發揮了其「幸運」威力，令睿琳一圓獎牌夢。

當然，媽媽在背後的支持對睿琳來說同樣重要。在睿琳游泳旅途中，媽媽最初會帶她到不同泳池練習，並陪她觀看比賽，雖然今次巴黎殘奧會媽媽未能親自前往現場，縱使香港與歐洲有着時差，但兩人也有保持聯絡，互報平安。媽媽一向很尊重睿琳作出的決定，令這位銀牌得主可以更放心比賽。

未來的藍圖

21 歲的陳睿琳，在訪談中展現出超越年齡的成熟與遠見。當同齡人還在摸索人生方向時，這位年輕的殘奧獎牌得主已經為自己的未來繪製了清晰的藍圖。即使仍在競技巔峰期，她已開始構思退役後的規劃：「我希望十年後能轉任教練，發掘更多像我這樣的潛能運動員。」這番話不僅展現她的遠見，更打破了社會對智障人士的刻板印象。生活中的睿琳偶爾會遇到小挑戰，特別是在陌生環境需要快速應變時。她坦然笑道有時候問路會多花一點時間，但這些都只是人生的小測驗。這種舉重若輕的態度，正是她能夠在國際賽場上屢創佳績的關鍵。

帶着巴黎殘奧會的榮耀與經驗，陳睿琳正全力備戰今年 9 月的新加坡世界殘疾人游泳錦標賽，睿琳永不止步的追求，將繼續引領她在泳池中創造更多傳奇。陳睿琳在 2025 年 7 月政府頒授榮譽勳章，以表揚她為香港殘疾運動作出卓越貢獻。

麵包超人成長之旅

一定要抱着不輕易放棄精神，認同自己能力，這樣便能向成功邁進。

歷年主要賽事成績

杭州 2022 亞洲殘疾人運動會 - 女子 S14 級 200 米個人四式銅牌

2023 年維希 Virtus 環球運動會 - 女子 II1 級 200 米蝶泳金牌

2019 年布里斯本 INAS 環球運動會 - 女子 II1 級 200 米蝶泳銀牌

張可盈

張可盈於巴黎殘疾人奧運會出戰女子 S14 級 100 米蝶泳初賽。.

當張可盈再次站上殘奧會的跳台，觀眾的鼓勵掌聲令她感到無比光榮。這已是她第二次代表香港出戰這項體壇盛事——從 18 歲初登賽場的青澀，到如今 21 歲的沉穩自信，三年間在中國香港殘疾人游泳隊的點滴積累，讓這場看似沒有獎牌的旅程，反而成為她青春歲月中最珍貴的歷練。

從校園泳池到殘奧會舞台

張可盈的游泳生涯從小學二年級的學校興趣班開始，其天賦經老師發掘後，獲推薦參加中國香港智障人士體育協會主辦的「明日之星」選拔，從而加入了中國香港殘疾人游泳隊。2024 年出戰巴黎殘疾人奧運會，是可盈游泳生涯中第二度出戰殘奧賽事，在現場眾多歡呼聲打氣下，她總共出戰多個項目，包括女子 100 米蝶泳、100 米蛙泳、200 米自由泳、200 米個人混合泳及混合 4x100 米自由泳接力。全場數以千計的觀眾觀看比賽，令張可盈在今次巴黎之旅，有着截然不同的感覺，因為上次東京殘奧會正值是新冠疫情下進行，現場沒有觀眾，故今次令可盈心情上有很大分別，「巴黎的聲浪讓我真切感受到甚麼是殘奧會氛圍。」

面對世界各地不同的游泳選手，張可盈直言今次巴黎殘奧會競爭對手水平之高是她意料之外，自己出戰過 2021 年東京殘奧會，所以很驚訝世界各國選手水平提升得這麼快，其中她的主項女子 S14 級 100 米蝶泳，可盈提到最終贏得金牌的英國選手瑪絲喬（Poppy Maskill），實力之高確實令她震撼與欽佩。

取捨與堅持

可盈為了備戰巴黎殘奧會，決定暫時休學以專注訓練，始終兼顧兩方面存在一定難度，「我必須做出選擇，向着更理想戰績邁進。」運動員有時也要作取捨，目標清晰後，她基本上逢週一至週六均需參與不同訓練，除了一天兩課練水，甚至假日也要跳入泳池加操，與其他隊友一同向着巴黎殘奧會目標進發，只有星期日可稍為休息。對很多人來說，較長日子的節日假期，可盈也會利用作為加操，正當大部分人於假期喘息，這位年僅 21 歲泳手，為了追求在巴黎殘奧會有更好成績，將心力也寄託於游泳上。

即使未能站上頒獎台，張可盈在訓練場上的付出同樣值得尊敬。可盈坦言逢週四的器械訓練最艱苦，不斷循環的體能操練，目的是提升核心肌肉穩定性，還有入水及轉身動作等技術層面上的練習，一向很自律的可盈，在每一課統統交足功課。備戰的道路上非常艱苦，張可盈在僅有的放假日子，會選擇進行按摩，藉此放鬆一下酸痛的肌肉，而收看電視節目也是她平日的愛好，這些小小的休息時刻，能讓她重新充電，準備迎接下一輪挑戰。

提到獎牌，2023 年於中國杭州舉行的亞洲殘疾人運動會上，張可盈於女子 S14 級 200 米個人混合泳所摘下的銅牌對她來說意義重大，因為這不單為她帶來獎牌，更是搭上巴黎殘奧會的「尾班車」，可代表中國香港再度亮相殘奧舞台，令這枚銅牌成為她游泳生涯中最重要的獎牌。

「麵包超人」戰隊

在香港泳隊當中，張可盈與相識於 2016 年的陳睿琳關係最為親密，除了彼此參與的比賽項目相近外，年紀相同也使大家更投契，一向喜歡卡通人物「麵包超人」的可盈，以「方包超人」來形容陳睿琳。原來可盈在這套卡通中，最喜愛的角色人物就是「方包超人」，談起與陳睿琳的友情，她眼神中流露真摯的情感：「除了媽媽，睿琳就是我最愛的人。」這對摯友不僅在訓練時互相砥礪，比賽時彼此打氣，閒暇時更常相約出遊。既然「麵包超人」是可盈的至愛，於今次巴黎殘奧會一同征戰的其他隊友，也難免被掛上「外號」，就好像隊中經驗豐富的鄧韋樂便是「細菌小子」，而首戰殘奧會的年輕新晉泳手張淩諾化身成為「咖喱包超人」，這種將隊友卡通化的溝通方法，無疑有助可盈與各人之間增進感情，比賽時更齊心爭取佳績。提到心愛的卡通人物，張可盈透露自己每次出外比賽時，會帶同自己的寶物——「麵包超人」公仔掛飾出門陪伴，期望在賽事中順利取得佳績。

在張可盈的游泳生涯中，「方包超人」陳睿琳是她最親密的戰友，而媽媽則是她最堅實的後盾。在游泳路上，可盈獲得媽媽很多愛及照顧，甚至是不斷鼓勵的說話，勉勵可盈繼續向前，不要輕易放棄。談起母女間的溫馨互動，可盈興高采烈道：「我會幫媽媽按摩揼骨，就今次巴黎殘奧會為例，媽媽叫我買多點手信回家，所以我買了與吉祥物弗里吉（Phryge）有關物品，包括公仔、頭箍，甚至揮春、靚衫也有。」

巴黎賽後的團隊情誼

走上巴黎殘奧會舞台，張可盈雖然最後未能躋身決賽階段，但今次旅程無疑是一次很好的比賽經驗，在出賽之時，水溫比預期低很多，但她仍抱着無畏無懼的精神，跳入水中出賽，爭取成績。在出賽前，可盈亦有思考梁淑盈教練在訓練中向她教導的說話，甚至在各項目比賽之間，停下來，想一想下一步應如何行前。外界或許被可盈喜歡卡通人物可愛一面「誤導」，其實她心思細密的性格，絕對是她游泳道路上保持佳績的原因之一。

巴黎殘奧會賽事結束後，張可盈與團隊在中國香港殘疾人奧委會及教練團的帶領下，展開了一段難得的巴黎探索之旅。這些共同遊歷的時光，讓隊員間的情誼更加深厚。出外參加賽事，對於可盈來說絕不陌生，世界錦標賽、世界殘疾人游泳系列賽中，也到過新加坡、墨爾本、格拉斯哥、哥本哈根及謝菲爾德等歐亞地區，當中教練梁淑盈對隊員，包括可盈的幫助是不可或缺，她自言對歐洲地方感到陌生，在交通、食宿上安排，也需教練幫忙。可盈在梁教練心目中，是一位在游泳路途上不斷突破自己極限的運動員，表現很有自信，並沒有因為身型等條件限制發揮，而在可盈眼中，梁教練也是全隊由衷敬重的精神領袖。

談及梁淑盈教練，張可盈眼中閃過一絲俏皮：「如果送禮物給教練，我想送她一枚哨子！」這個別出心裁的點子，源自平日訓練的觀察 —— 梁教練一聲令下，隊員們總是立即行動。「哨聲比口令更響亮，」可盈笑着解釋，「這樣大家會更聽教聽話。」

多年游泳生涯中，2019 年世界殘疾人游泳系列賽新加坡站，可盈於混合 4x100 米自由泳接力賽，勇奪銀牌，她認為當屆賽事狀態最好，非常接近自己的最佳個人成績。比賽充滿着競爭，尤其是接力賽，很講求泳手個人成績，以及隊友之間的信任，所以可盈一向都不會給予隊友壓力，以免影響泳隊整體發揮，始終壓力是雙面刃，既可推動運動員，也可成為一個很難跨過的關卡。

永不放棄

征戰巴黎殘奧會後，張可盈依然積極訓練，隨隊到各地參加比賽。可盈相當感謝一班在其游泳路途上支持自己的教練、朋友及家人，感激香港市民透過電視直播觀看比賽，一路為所有中國香港殘疾泳手打氣。對比起 3 年前的東京殘奧會，可盈稱今次中國香港殘奧會代表團的運動員，獲得香港市民更多認受性，那些加油聲，是他們游得更遠的力量。她寄語未來有機會進入泳隊的運動員，一定要抱着不輕易放棄的精神，認同自己的能力，這樣便能向成功邁進。

十年前的怕水少年

歷年主要賽事成績

杭州 2022 亞洲殘疾人運動會 - 男子 S14 級 200 米自由泳 銀牌

2023 年維希 Virtus 環球運動會 - 男子 II1 級 1500 米自由泳金牌

2023 年維希 Virtus 環球運動會 - 男子 II1 級 200 米蝶泳金牌

張浚諾於巴黎殘疾人奧運會出戰男子S14級200米自由泳S14決賽。

19 歲，一個充滿無限可能的年紀。中國香港殘疾人游泳隊新秀張淩諾，正如一顆未經雕琢的寶石，正閃耀出令人驚艷的光芒。去年巴黎殘奧會，這位首次登上奧運舞台的小將，就以出色的預賽成績闖入男子 S14 級 200 米自由泳決賽。儘管決賽最終排名第八，但張淩諾的潛力遠不止於此，這次經歷只是他邁向更高峰的開始。

一顆閃耀新星

張淩諾曾經於 2023 年杭州舉行的亞洲殘疾人運動會上，勇奪男子 S14 級 200 米自由泳銀牌，以及與隊友鄧韋樂、陳睿琳及張可盈於混合 S14 級 4x100 米自由泳接力賽贏得銀牌，在杭州亞殘運會坐擁雙銀成績，繼而達到進軍巴黎殘疾人奧運會門檻，無疑是令人鼓舞的戰績。

對於這位在青少年賽事屢獲殊榮的泳將而言，2023 年杭州亞殘運佳績，使他更有動力出戰 2024 年的巴黎殘奧會。「當時中國香港三名泳手包辦男子 S14 級 200 米自由泳三甲位置，齊齊站上頒獎台，包括大師兄鄧韋樂及三師兄黃漢彥，而杭州亞殘運獎牌的重量有別於其他比賽的獎牌，特別沉重，所以直到現在都有深刻印象，也是我獲得眾多獎牌中最難忘的兩枚。」

張淩諾能夠達標參加巴黎殘奧會已是對他能力的莫大肯定，他憶述出戰男子 S14 級 200 米自由泳決賽，當時無論是比賽環境及氣氛都很好，在當地時間白天比賽，雖然與香港有時差，但張媽媽仍特意調鬧鐘為兒子打氣。當然，來到殘奧會賽場，令到淩諾眼界大開，除了現場氣氛猶如演唱會般歡呼聲不斷外，他直言各國參賽選手實力比起以往的都要強很多，甚至可以說是兩回事，可見競爭之激烈，而他最後於決賽與大師兄鄧韋樂分別位列第七及第八名，用實力向世界證明香港殘疾人游泳的水準。

在泳隊中，張淩諾作為小師弟，深受大師兄鄧韋樂的照顧與提攜。除了張媽媽外，相信最能了解他比賽心情的便是大師兄，尤其是當杭州亞殘運上游出的成績達到參加巴黎殘奧會標準，淩諾仍清晰記得當他達到巴黎殘奧參賽標準時，韋樂臉上綻放的喜悅。「大師兄說比他自己奪金還要開心！」他回憶道，語氣中滿是感激。可見韋樂在隊中經常的鼓勵，為淩諾比賽時增添不少信心，他亦希望能夠與大師兄繼續並肩作戰。

求學之路

誰能想到，如今站在殘奧會舞台上的張淩諾，童年時竟是個需要浮板輔助的怕水少年？在短短不足 10 年時間，由怕水到出戰殘奧，看似很不可思議，其實就是淩諾為目標堅持下去的結果，勇於挑戰，甚至跨過恐懼。游出好成績

張浚諾首戰殘奧會難掩緊張，專注備戰男子 200 米自由泳決賽。

固然開心，只是正如浚諾所說，比賽可以在短時間內就完結，所以平時訓練的投入度，努力練習才是最重要的課題，正所謂「台上一分鐘、台下十年功」，沒有充足備戰，想達到自己目標成績，甚至站上頒獎台，似乎是不可能的事情。

在成為殘奧會選手的道路上，張浚諾要一邊兼顧學業，一邊練水，對於任何運動員來說，總會面對時間分配上及耐力上的難題，所以他很感謝當時學校方面配合，不論校長或老師都很體諒他。「我要多謝三水同鄉會劉本章學校校長及老師們的支持與鼓勵，因為有時老師會在課前主動幫我補課，能夠跟上學習進度，我犧牲小息時間也沒所謂。老師們也有看殘奧會電視直播，為我打氣，所以必須多謝學校這麼多年的支持。」

張媽媽作為浚諾背後的支柱，也是這位小伙子踏上游泳成功路上的重要人物，亦是浚諾特別想多謝的人。2016 年進入學校新星選拔隊時，列入 B 、C 梯隊的浚諾經常要四出到不同泳池訓練，張媽媽便要帶着他四處奔

波，不論酷暑嚴冬均毫無怨言，坐在觀眾席上，看着兒子成長。當浚諾因成績不理想而沮喪時，張媽媽總會上前開解，那種無私付出的母愛，大抵當了父母親便能感受得到。正因為媽媽的厚愛，也推動張浚諾在比賽時創造出更好成績，以報答母親養育之恩。

身邊好夥伴

去年，張浚諾於香港體育學院主辦的傑出青少年運動員選舉，當選全年最佳運動員，因而獲得中國香港殘疾人泳隊「明日之星」稱號，而事實上，練得一身好體格的他，確是有着游泳健將需具備的客觀條件。這位體格健碩的泳將，私下卻是個細心的「蜥蜴飼主」。原來他十分喜歡爬蟲類動物，最初在姐姐介紹下，開始接觸爬蟲類動物，張媽媽透露，浚諾飼養的寵物包括布偶貓、蜜袋鼯、守宮類蜥蜴及鬃獅蜥，正因在姐姐耳濡目染下而愛上養蜥蜴，所以當浚諾要出外國比賽時，便由姐姐「幫忙」照顧，而兩人也可說是透過爬蟲類動物作為橋樑，令感情變得更深厚，寵物更成為家人間獨特的交流話題。

在張浚諾游泳路上，梁淑盈教練的悉心栽培是他獲獎的關鍵。「我想多謝梁教練，她會在外出比賽時照顧隊員，安排好一切訓練。我有時成績不理想，她都會上前安慰及鼓勵，說下次追回應有時間便可。另外，每次出外比賽回港後的訓練，梁教練會與我分析游水時的情況，研究動作，以便在下次出賽時達到標準時間，甚至 PB（個人最佳時間），因為教練不斷的鼓勵，自己才會進步。我最想感謝陳靖汶教練在每次出外比賽期間，不僅悉心照料我們的日常需求，更在泳池中給予悉心指導與技術支援。另外，運動治療師李曉程 Enda 姐姐亦全程隨隊出征，於比賽期間為我們提供專業的物理治療服務，按摩舒緩我們的肌肉。」

在升上游泳 A 隊前，張浚諾曾經學習過花樣溜冰，一年後更出戰奧地利花樣滑冰比賽，取得銅牌。有着兩項運動的天份，浚諾最後選擇了游泳，在二選一中作出取捨，讓他更加專注於游泳路途上勇往直前，現在更成為全職運動員。

去年在巴黎初次出戰殘奧會，浚諾迎來職業生涯的重要里程碑，儘管是殘奧會初體驗，他卻認為成績不是唯一，重要的是突破自我。浚諾展現出超齡的成熟，不斷地提醒自己做到最好。這份堅持在訓練中體現得尤為明顯，尤其他提到備戰去年的巴黎殘奧會，為了提升自己的「水感」，連聖誕及農曆新年假期前夕也要進行加強訓練，教練準備了一連串艱苦練習，每課都練到極限，確令到浚諾有點吃力。但正是這種專注，讓他在泳道上不斷突破，游向更廣闊的舞台。

張浚諾在 200 米自由泳決賽中奮力拼搏，展現訓練成果。

明日之星的信念

張浚諾首戰殘奧會便游入決賽，是相當不俗的戰績，以 1 分 58 秒 87 的時間，僅比第七名的大師兄鄧韋樂的 1 分 58 秒 43 只慢了不足半秒，可想而知當時 19 歲的浚諾，絕對沒有辜負中國香港殘疾人游泳隊「明日之星」稱號。對於一些想加入中國香港游泳隊的年輕殘疾人，浚諾坦言一定要堅持自己目標，不斷接受挑戰，從中加強信心。

「不要因為平時訓練辛苦便輕易放棄，要對自己有信心。」這句說話道出了浚諾所持的信念，不足十年時間，他從一個怕水小孩，到今日代表中國香港出戰，這條路走得絕不輕鬆。正如浚諾抱着不斷挑戰自己的心態，這位年輕泳將正朝着新目標邁進 —— 不再局限於自由泳項目，更要成為全方位的頂尖選手。

泳道上的大師兄

鄧韋樂

歷年主要賽事成績

- 里約 2016 殘疾人奧運會 - 男子 S14 級 200 米自由泳金牌
- 杭州 2022 亞洲殘疾人運動會 - 男子 S14 級 200 米自由泳金牌
- 2023 年維希 Virtus 環球運動會 - 男子 II1 級 200 米自由泳銀牌

我沒有後悔入讀特殊學校，因為沒有這次的轉校，今後的路肯定跟現在不一樣。

鄧韋樂於巴黎殘疾人奧運會出戰男子 S14 級 200 米自由泳決賽。

成熟、穩重，是中國香港殘疾人游泳代表隊成員鄧韋樂給人的第一印象。言談舉止間，這位 28 歲的泳將散發着從容不迫的氣度，對談時流暢得與主流人士無異。被隊友們尊稱為「大師兄」的他，確實名副其實 —— 2016 年里約殘奧會的金牌榮耀，淬煉出他獨特的領袖氣質，說話間流露出大將風範。這位香港殘疾人游泳的標竿人物，正以他的方式，為後輩們指引着前進的方向。

母親的勇敢抉擇

六歲那年，鄧韋樂被醫生評為患有輕度智障及輕度過度活躍症。他在主流學校生活過得不愉快，成績亦難以跟

鄧韋樂出戰男子 S14 級 100 米背泳比賽。

上。鄧媽媽為了讓兒子擁有與常人一樣的快樂童年，在他小學四年級時便放手一搏，送他到特殊學校上學。有時，人生遇上不順意時，便需要拋開舊有思維，不要勉強韋樂在主流學校過着苦日子，鄧媽媽這次的選擇，終令自己的兒子從此踏上康莊人生。韋樂也直言當初若沒有媽媽的決定，送他到特殊學校上課，就不會有今天的自己。「非常多謝媽媽的養育之恩，我沒有後悔自己入讀特殊學校，因為沒有這次的轉學，今後的路肯定跟現在不一樣了。」

鄧韋樂自小便喜歡水，6 歲就已經進入訓練班，後來雖然有一段時間沒有參與訓練，但進入了特殊學校生活後，慢慢重回游水行列，直至 11 歲時被老師評定他在游泳方面有着天份，因而正式進入訓練班，開始不一樣的人生。鄧韋樂家人的支持成為最大的強心針，每當這位 2016 年殘奧金牌選手遇上困難時，總會找家人商討，從而克服每個難關，當然他亦有找身邊朋友傾談，正是這種溝通方式，從中得到不少啟發，令他的人生更加正向發展。

在去年巴黎殘疾人奧運會上，經驗豐富的鄧韋樂出戰 3 項個人賽項目及 1 項接力賽，包括男子 100 米背泳、200 米個人混合泳及混合 4x100 米自由泳接力，而在自己擅長的項目，男子 S14 級 200 米自由泳中，游出 1 分 58 秒 43 成績，最終於決賽以第七名完成，較新星師弟張湰諾稍快。已經出戰過多屆殘奧會，當中 2016 年里約熱內盧殘奧會，在媽媽親臨現場打氣下，他勇奪男子 S14 級 200 米自由泳金牌，令他往後日子更加積極，也贏得更多獎牌，包括了 2018 年印尼雅加達亞洲殘疾人運動會，再次於男子 S14 級 200 米自由泳衛冕成功，在亞洲殘疾泳手當中，絕對是名列前茅，甚至是亞洲中最佳泳手。

團隊擔當與自我超越

十年光陰流轉，鄧韋樂回想往績，難免陷入沉思：是否自己已不復當年勇，才會在巴黎殘奧會與獎牌失之交臂。在參與巴黎殘奧會前，韋樂其實做足了萬全準備，與隊友齊齊刻苦訓練，飲食方面控制，甚至從心理層面上，希望找出突破心理關口。

在香港殘疾人游泳隊中被尊稱為「大師兄」的鄧韋樂，當然在代表隊內有一定年資及輩份，但他並未因這個尊稱而自滿，反而很關心隊中的師弟妹們。「我於今次巴黎殘奧會看到師弟妹們的成長，看着他們有不錯成績，尤其師妹陳睿琳於女子 S14 級 100 米蝶泳奪得一面銀牌，真的很開心。不過，同時亦有反思自己今次的成績欠佳，只是從失敗當中透過很多方法，包括跟教練、朋友傾談，自我調節，鼓勵自己今後要做得好些。」

在游泳隊中，鄧韋樂與師弟妹們建立的深厚情誼，絕非偶然。這種關係與感情建立，除了是時間考驗外，也可反映「大師兄」平時訓練內外，對人處事態度正面、熱誠，用心，結出了絕佳的人際關係果實。去年到巴黎參賽已經是韋樂游泳生涯第四次出戰殘奧會，他毫不猶疑地指出，2016 年的里約殘奧會金牌是他人生中最重要的一枚獎牌，也開啟了往後人生之路。至於去年巴黎之旅，香港市民透過電視直播，欣賞到一眾中國香港殘疾運動員的拼搏精神，韋樂的成績雖然未達預期，但亦盼望從中鼓勵香港人，跟運動員一樣於逆境中

鄧韋樂出戰男子 SM14 級 200 米混合泳比賽。

克服困難。韋樂參戰四年一次的殘奧會經驗豐富，只是對於今次出征巴黎，他形容比賽場館的澎湃氣氛，使其也受到感染，或者上屆 2021 年東京殘奧會在新冠疫情籠罩下進行，沒有觀眾下始終氣氛欠奉，從東京的空蕩場館到巴黎的沸騰泳池，讓一眾選手找回比賽的激情。

在巴黎殘奧會的賽場上，香港殘疾運動員的拼搏精神透過電視直播傳遍全城。鄧韋樂在訪問中也向香港特區政府作出致謝，沒有政府購入殘奧會電視轉播權，市民根本沒有機會看到香港殘疾運動員努力比賽的情況。韋樂同時亦多謝中國香港殘疾人奧委會及中國香港智障人士體育協會，就今次巴黎行程，以及平時訓練上作出過的幫助，令游泳隊在無顧慮情況下，得以順利完成賽事。韋樂期盼有更多香港人支持游泳港將，給予更多鼓勵。「每個運動員付出很多，很辛苦，大家都好盡力比賽，才來到殘奧會這個舞台。」

年齡無法阻擋的鬥志

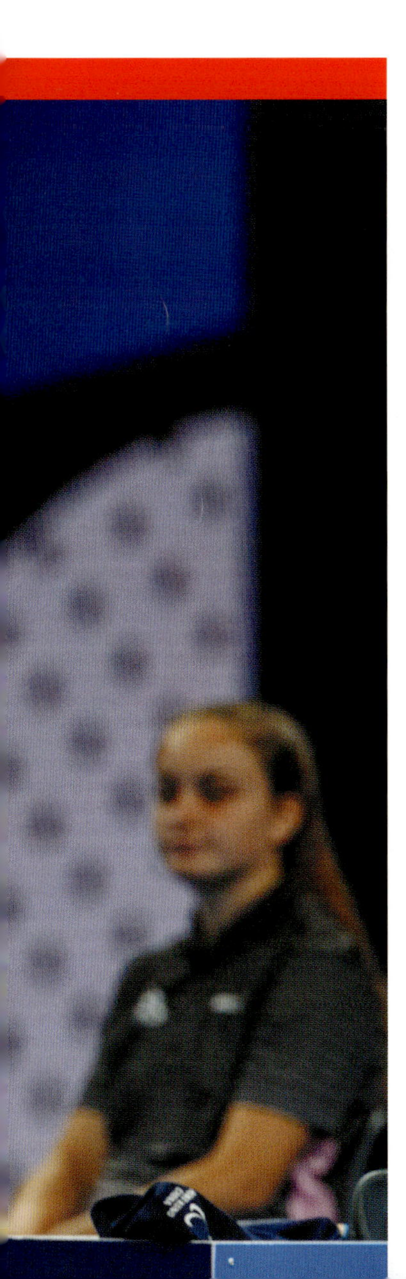

四屆殘奧會的洗禮，讓鄧韋樂對競技體育有着深刻領悟。儘管謙遜地否認「大師兄」稱號，但他給年輕隊員的忠告格外珍貴：「如果想加入殘疾人代表隊，相信首要條件是不怕辛苦，亦要給予自己信心。」

隨着年紀漸長，鄧韋樂承認在體能上受到限制，恢復上也較慢，但作為中國香港殘疾人游泳代表隊的一分子，依然會與團隊共同進退。「以往 22 、 23 歲時，訓練上也會感到狀態挺好，但現在游同樣的練習課題，的確是比以往辛苦不少，也可以說體能恢復上也不及昔日般快。」不過，正正因為游泳這個運動，不單將韋樂人生打開一條廣闊獎牌道路，他稱最重要是能夠提升自信心，以往自己並不是一個「大膽」的人，也不善言辭，惟從運動中慢慢信心遞增。

今天的韋樂，證明了自己透過游泳，蛻變成自信滿滿的漢子，勇於行出這一步，就會看見彩虹。然而，韋樂也開始想到退役日子距離愈來愈近，擔心如果真的離開泳隊，生活該如何渡過，殘疾人士有限的就業選擇，更讓這份憂慮雪上加霜。

競技體育的鎂光燈終有熄滅之時，當運動員告別賽場的榮耀時刻，就像鄧韋樂此刻面臨的抉擇 —— 游泳生涯已步入黃昏，時間的洪流終將推着他作出轉身。這位「大師兄」比誰都清楚：曾經的掌聲與獎牌，不會為未來的人生鋪路。但泳池賜予他的禮物遠不止榮耀 —— 那些淩晨訓練磨鍊出的毅力，國際賽場培養出的自信，都將成為新旅程的火種。

第2章

速度與旋轉

乒乓球

乒乓球

殘疾人乒乓球自 1960 年首屆殘奧會在羅馬舉行以來，就一直是殘奧會的競賽項目之一，當時只有輪椅運動員可以參賽。乒乓球在殘奧會的歷史比其在奧運會的歷史更長（乒乓球直到 1988 年才被納入奧運會）。從運動員人數而言，乒乓球是世界上第三大殘奧會項目，全球有超過 4000 萬的選手，遍佈 100 多個國家。像其他的殘奧會運動一樣，從 1960 年首屆比賽開始到 1976 年多倫多殘奧會，曾經的乒乓球只對輪椅運動員開放。如今，這項運動面向各種不同障礙的運動員，他們根據肢體和智力障礙被分為 11 個級別來進行比賽。中國香港共有 3 名運動員獲得 2024 年巴黎殘疾人奧運會參賽資格，包括梁仲仁、吳玫薈及王婷莛。

級別鑑定

肢體障礙（輪椅或企立）、智力障礙。

分級

數字編號，1 到 5= 輪椅組

（1 代表殘疾程度最嚴重，5 代表最輕）

6 到 10= 企立組

（6 代表殘疾程度最嚴重，10 代表最輕）11= 智力障礙。

比賽規則

殘疾人乒乓球的規則與奧運會幾乎完全相同，一場比賽為五局三勝制，每一局由先達到 11 分且領先兩分的選手獲勝。但是，對於輪椅選手的發球規則有輕微的修改，規則如下：發出的球在接發球員的球台彈回球網方向或從接發球員的球台兩側邊線越出時，則需要重新發球（僅限單打）。同網球雙打一樣，輪椅乒乓球雙打的隊友不需要輪流擊球。殘疾人乒乓球總共有 11 個級別：TT1-TT5 是輪椅組，TT6-TT10 是企立組，TT11 適用於有智力障礙的選手。不能牢固握住球拍的選手可以將球拍綁在手上，或者使用彈性繃帶將球拍和手固定在一起。根據規定，某些企立組的選手可以使用拐杖或者拐棍，尤其是第 6-8 級的選手。

金牌社工教練

陳栩 總教練

2017 年 INAS 世界乒乓球錦標賽，中國香港殘疾人乒乓球代表隊勇奪 10 面金牌、9 面銀牌及 6 面銅牌，佳績震撼世界。這份榮耀，不僅讓球隊站上巔峰，更令陳栩教練獲選為 2017 年「賽馬會香港優秀教練」的全年最佳教練，誰能想到，這位金牌教練的起點是社工系的一紙文憑，後來朋友介紹下轉教智障人士乒乓球，展開這段成功教練之路，都是因緣際會下促成。

「貼身」教練

陳栩的執教生涯始於一份兼職工作——同時教導智障與健全人士乒乓球。直到 2017 年 12 月因為香港特區政府推出「殘疾運動項目精英資助先導計劃」，他才開始全身投入輔助智障乒乓球手，為中國香港代表隊培訓更多殘疾精英選手，亦正是他當年榮獲全年最佳教練獎項的一年。

面對中國香港智障人士乒乓球代表隊成立近三十年，陳栩教練稱中國香港在智障人士乒乓球發展，算是世界上較早開始的地區，從 1996 年美國阿特蘭大殘奧會，經過 2000 年澳洲悉尼及 2004 年希臘雅典後，雖則發展上有所停頓，但到了 2016 年的巴西里約熱內盧，再次展示出中國香港於殘疾人乒乓球賽事依然保持着國際競爭力。

陳栩教練指出，他於 2017 年全身投入教導智障人士乒乓球手，一切都需要部署，從選手如何參加各個大小比賽，爭取分數以取得殘疾人奧運會入場券，到如何令運動員出戰時更能發揮水準，部署工作必須且重要。「以東京殘奧會為例，王婷莛當時加入代表隊只有約一年時間，為了在一年前獲得殘奧會入場券，於疫情爆發前，應是當年的一至三月份期間，我帶隊出戰了四個賽事，爭取分數，差不多每次回香港

歷年主要賽事

里約 2016 殘疾人奧運會

東京 2020 殘疾人奧運會

杭州 2022 亞洲殘疾人運動會

後 20 多天便要飛往歐洲各地作賽，爭取分數，故運動員參加殘奧會，之前的搶積分路途不可缺少。」

或許因為陳栩教練攻讀社工出身，他深諳智障運動員在表達能力上稍為遜色，因此總是不厭其煩、細心周到地幫助他們，不單是球技上改進提供不少專業意見，更在生活瑣事上處處關懷 —— 如裝修時要購置的電器，甚至配新眼鏡，這些看似與教練工作沒大關係的瑣碎事，陳教練也顧及得到，能夠這樣「貼身」對待運動員，反映陳教練獲得他們的父母信任。有時，智障運動員除了父母、家人的幫助外，很多時間投入練習，與教練相處的時間最長，陳栩教練格外重視與家長的溝通，故他不惜花大量時間在家訪上，以了解運動員及其家庭需要，從而提供乒乓球技術以外的協助。

先教做人，再教打球

正如代表隊成員王婷莛所言，陳栩教練始終堅持一個理念 —— 在教導運動員打好球賽之前，先要教會他們如何做好一個人。對於智障運動員來說，教練傳授的不僅是乒乓球技術，更像是一堂堂實用的生活課程。「舉個最簡單的例子，以中國香港代表隊制服分類為例，每次出席比賽，都要穿着指定運動服及制服出席，如果運動員累積了多年參賽經驗後，制服數目便會愈來愈多，而每次出戰大賽都有全新制服，那就要指導選手們分門別類，哪些場合着哪套，又或是不再使用的制服如何收藏好，也是一門學問，我相信這亦是管理一個團隊上的工作。」

在智障運動員心理建設方面，陳栩教練明白他們因為先天條件，要提升他們的心理質素絕對不易，故比賽前期工作很重要。「要知道每位運動員的限制，例如比賽中落後多過三分時，便需作出提醒，又或是了解選手的『絕對領域』，像以往有位選手，打每局的『刁時』都很出色，生涯一路卻沒有出現過大比數領先對手的局勢，這是沒問題的，最重要是明白其特性，讓他發揮所長，以得到理想結果。」

競技場上的勝負固然重要
但如何讓運動員在退役後也能擁有充實的生活
才是推動殘疾運動可持續發展的根本之道。

戰場上的手勢溝通

去年巴黎殘疾人奧運會，陳栩教練面臨了一個特殊的挑戰——比賽場館的環境比預期更為嘈雜，導致在場外以說話提點運動員的效果不大，故要多用手勢指令，作為與選手溝通的重要橋樑。「在巴黎殘奧會前夕，因為健全奧運會成員的經驗分享，知道現場比較嘈吵，故出發到法國前，已經預先設計一些手勢，到比賽時使用，可謂大派用場。」作為總教練，陳栩認為最重要是賞罰分明，對每個人也保持公平，畢竟家長也緊張運動員在隊內生活，故資源分配上做到公平，這需要日以繼夜的無間斷溝通。」

對於目前的中國香港殘疾人運動員，陳栩教練指出比起 2017 年前未出現「殘疾運動項目精英資助先導計劃」，現在全職投入訓練，收入、資源上的確比起以往提升了不少，至少能滿足基本生活需要，可說是相對幸福的一群，更重要的是，社會對殘疾人運動的認可性也得到提高。「在疫情後，我會說幸福更加不是必然，有運動員的家人因疫情而被裁員，而選手這兩、三年期間仍有訓練資助補貼，令他們的家庭經濟算是穩定中渡過，這很重要。有的運動員在家人協助下妥善理財，在疫情後更可以置業，確是運動員自己也意想不到。」

陳栩教練特別重視與運動員建立共同經歷的價值，他深信這些並肩克服困難的時刻，往往能讓選手們更願意敞開心扉，也讓他們在運動生涯中少走彎路。對於智障球手來說，未必會理解一些大道理，故共同經驗反而會令選手們印象更深刻。「記得在 2017 年，我們帶隊到歐洲比賽，遇上大風雪，因而要在德國慕尼黑機場席地休息，運動員如是、教練也如是，教練更要輪流看顧着選手，又要準備隨時登機，選手們親眼看到教練和他們同甘共苦，沒有任何特殊待遇。正是這種平等相待的態度，讓團隊凝聚力自然而生。」

陳栩教練（左）和運動員積極備戰。

「盡力」哲學

無論是運動員或普通人，人生中總會遇上失敗的時候，陳栩教練稱尤其運動員的生涯，可以是無數次經歷高低起伏，今天贏了比賽，不保證日後的成功，選手們在成功與挫敗之間來回，確實很考驗球手意志。陳教練寄語現在的殘疾運動員代表，必須要堅持到底，這番話同樣適用於教練工作，與運動員共同在成功與失敗之間「輪迴」，真的需要堅強意志，始終面對失敗時，人總會有軟弱一面，「我們隊裏也不乏因此選擇退出的案例。」對於中國香港智障人士乒乓球代表隊，陳教練稱「盡力」是隊內的座右銘，始終每名運動員能力各有不同，所以每次出賽時，都會向選手提到這兩個字，務求在賽事中盡最大努力，打出自己最好一面。

在多年執教生涯中，陳栩教練深刻體會到體育競技中「相生相剋」的微妙現象，尤其屬於個人的運動項目上，因而有「宿敵」這個形容詞，以乒乓球為例，有時選手總會被對手「格食格」，幸運的話在決賽才遇上「宿敵」，那還有獎牌落袋，不然於賽事起初階段遇上，要突破此界限，付出百分之二百努力之餘，也需要幸運之神出手眷顧，才造出奇蹟般成績。

競技場上的勝負固然重要，但如何讓運動員在退役後也能擁有充實的生活，才是推動殘疾人體育可持續發展的根本之道。陳栩教練期盼中國香港殘疾人奧委會能為選手提供更多幫助，尤其退役後的工作上支援，始終智障球手要融入主流社會並不容易，工種選擇亦受到先天情況而有所限制，故配套上如能夠提供更多協助，令中國香港殘疾人運動發展走上更廣闊道路，讓更多年輕人選擇運動員之路。

香港殘疾人乒乓球代表梁仲仁首戰殘奧會，
展現堅毅鬥志。

歷年主要賽事成績

杭州 2022 亞洲殘疾人運動會 - 乒乓球男子 TT11 級雙打銅牌

雅加達 2018 亞洲殘疾人運動會 - 乒乓球男子 TT11 級團體銀牌

2019 年亞洲殘疾人乒乓球錦標賽 - 乒乓球男子 TT11 級單打銅牌

突破潛能 迎難而上

梁仲仁

世界上每天都有很多挑戰及困難，所以必須要相信尚有明天，抱存希望心態，以克服每個難關。

乒乓球代表梁仲仁示範乒乓球項目。

中國香港殘疾人乒乓球代表梁仲仁，去年首次出戰殘奧殿堂，遠征巴黎。儘管於男單 TT11 級（智障組別）十六強，不敵當時世界排名第七、匈牙利的兩屆殘奧會金牌得主 Palos Peter，但正如他接受訪問時稱，第一次出戰殘奧會，重要的是汲取比賽經驗，為明日之路鋪下更好基石。梁仲仁的淡定與豁達，恰恰映照出香港殘疾人運動員在競技場上那份超越獎牌的成長智慧。

屋邨球桌上的夢想萌芽

現年 26 歲的梁仲仁自小在大窩口屋邨長大，放學便與比他年長的街坊打乒乓球，正因為被乒乓球的速度感以及具節奏的「滴答」聲音深深吸引，也埋下了日後投身這項運動的種子。在與大人們的不斷比試中，他的技術日漸純熟，而出眾球技令他獲得學校興趣班導師的青睞，加上家人支持，慢慢走向更有系統的訓練之路。梁仲仁在亞洲殘疾人運動會上已嶄露頭角，包括 2018 年印尼雅加達男子團體賽獲得銀牌，以及 2023 年中國杭州男子雙打 TT22 級獲得銅牌。初次出戰殘疾人奧運會，世界各地選手給他的印象更深，地球之大，存在很多超級高手，仲仁認為令他印象深刻的是出戰殘奧會的各國選手在揮拍速度之快，與以往對手有着很明顯差距，這種前所未見的強度，讓他在臨場適應對手打法變化時，面臨重大挑戰性。

初次踏上殘奧舞台，對年輕選手而言處處充滿新鮮感，像今次巴黎之旅，梁仲仁沒想過會在嘈吵狹窄的場地比賽，也會聽到此起彼落的廣東話打氣聲音，這種體驗以往在其他比賽較少遇見，同時給予他額外動力作賽，專心打好每一球。「在殘奧會第一場比賽，自己能夠在落後情況下，贏取一局令我感到意外，這一局是肯定了自己的實力，當中會有跟對手比拼的心態，在大型賽事取下這一局，真的開心。當然，最後十六強止步，失敗的感覺並不好受，自己亦是一個經常記着落敗戰果的人，心理調節方面需要較長時間，而陳栩教練也明白我的性格，所以很多時都給予時間，讓我沉澱一下心情，然後才分析比賽中得失。」

談及與陳栩教練之間關係，梁仲仁感受到像與父親相處一樣，陳教練不單在球場訓練上教導技術，在生活上也照顧到，一句簡單的問候，一個鼓勵的眼神，都在無形中拉近了師徒間的距離。

仲仁提到自己性格比較文靜，不善言辭，陳教練都耐心地了解隊內運動員需要，當中的信任是經過時間考驗才能培養的。「陳教練很多時會提醒我要用玩樂的心態應付比賽，由於自己較易緊張，教練這樣說都是想我能放下包袱，以發揮『神經刀』的潛能，還有他與隊友也提醒我要在比賽笑着迎戰，這些都是解開心理負擔的獨有方法。」

「燥底」選手的靜心之道

運動員的日常訓練與密集賽事，需要充沛體力支撐，而食物正是這份能量的重要來源。梁仲仁自言特別喜歡食，而食物也維繫了他和家人的感情。「有時我訓練夜歸，家人總會貼心地準備宵夜給我，除了得以補充體力外，當中帶着窩心的問候，就好像冬天的一張棉被一樣，令我有一種被包裹的感覺，充滿暖意。」

梁仲仁身上有着一個「Love」圖案紋身，他稱這個是要用來提醒自己，時刻都需要有愛與和平，不要遇到小小問題便與其他人吵鬧。「自己是一個比較『爆底』的人，所以當我心情受影響時，便會望着這個紋身，讓自己冷靜下來，時刻提醒自己在生活上都要帶着和平與愛心。」

心情起伏本是運動員常態，梁仲仁對於自己去年出戰巴黎殘奧會，最感到苦惱的是那些在訓練中反覆打磨的戰術與策略，到了比賽現場卻彷彿隱形般難以施展，最終導致表現未達預期。他稱今後練習時會盡量模擬適應對手打法，以平時訓練的習慣，到比賽時同樣可以發揮出來。

賽事落幕後的短暫閒暇，是運動員最珍貴的調劑。去年的巴黎殘奧會完成所有比賽，梁仲仁亦有與隊中夥伴齊到巴黎鐵塔觀光，欣賞承載百年歷史的歐洲建築，這亦是他過去參加比賽以來，最深刻一次的景點。仲仁稱遠赴歐洲比賽，在長途航機過夜，於適應時差上是較為困難，而住宿質素更直接影響臨場表現。「我認為最重要是住宿的酒店或地方提供的枕頭是否合適自己，不然睡眠質素差了，真的會影響比賽時的精神狀態。」

打破界限

在加入中國香港殘疾人乒乓球代表隊之前，梁仲仁只是抱着嘗試心態，以考驗自己在這個項目上有沒有發展空間，當中亦曾經思考過自己是否真的能在乒乓球運動發光發熱，最後也決定以此成為奮鬥目標。經過巴黎的「洗禮」，仲仁現在想到便會立刻做，不拖泥帶水。球技上，他盼自己在發球上會有更大進步及變化，使對手更難掌握自己的打法，增加勝算。巴黎殘奧會一役，另一令到仲仁有深刻體會的，是看到日本選手的拼勁，指出他們打乒乓球所滲透出的那團火，確實是值得學習的地方。

梁仲仁雖然身為智障運動員，但言談間展現的思維與表達能力，幾乎與普通人無異。這位被視為香港殘疾人乒乓球隊未來希望的選手坦言，在學習新知識時，確實需要比別人花更多時間來吸收，尤其在巴黎與傳媒交流上，需較多時間適應，而

梁仲仁展現精湛技藝。

他呼籲更多智障人士的父母給予子女機會，放心讓他們出來參與運動，因為他相信不少智障年輕人，其實也可以與健全運動員一樣，在生命中展現美好光明的一面。

克服難關

展望未來，梁仲仁盼再獲得出戰殘奧會參賽資格，下屆洛杉磯殘奧會是長遠目標，甚至要以十年時間內踏足殘奧會頒獎台上，始終殘奧會獎牌是眾多殘疾運動員生涯中最盼望及最具意義的殊榮。至於短期的計劃，自然是今年底的全國第十二屆殘疾人運動會暨第九屆特殊奧林匹克運動會，仲仁盼在這個賽事奪取獎牌，以獲得更多肯定。

正如梁仲仁所言：「世界上每天都有很多挑戰及困難，所以必須要相信尚有明天，抱存希望心態，以克服每個難關。」在殘疾人乒乓球運動員路上，往後如何走得更遠，這位以「神經刀」風格著稱的乒乓球手，用「破地獄」來形容自己的奮鬥哲學 —— 要沒有後顧地一路往前走，走出一條連自己也估計不到的成功之路。未來，是存在很多可能，就讓時間證明梁仲仁今後如何令中國香港殘疾人乒乓球代表隊，取得更好戰績。

傷痛中的成長

吳玫薈

學習與傷患結伴同行，無畏前路艱難，堅定地向目標邁進。

歷年主要賽事成績

2016 年里約熱內盧殘疾人奧運會 - 乒乓球女子 TT11 級單打銅牌

2022 ITTF 世界殘疾人乒乓球錦標賽 - 乒乓球女子 TT11 級雙打金牌

杭州 2022 亞洲殘疾人運動會 - 乒乓球女子 TT11 級單打銅牌

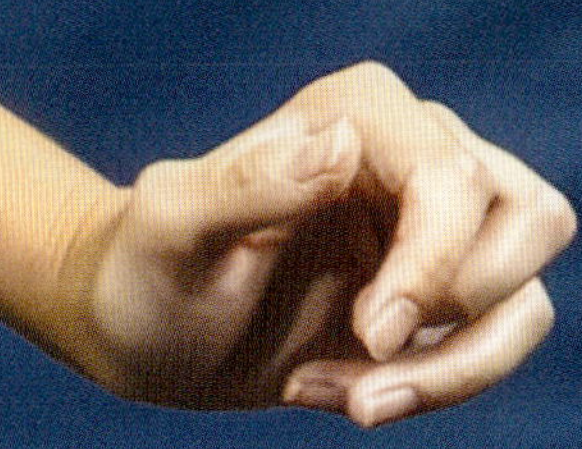

1997 年，吳玫薈生於香港，卻被命運賦予了與眾不同的考驗 —— 智力障礙。然而，這並未阻擋她的人生路，她在乒乓球的節奏中找到生命的律動。這位曾在 2016 年里約殘奧會為香港勇奪女子單打銅牌的鬥士，去年再度征戰巴黎殘奧會。即使帶着手部傷痛揮拍，她依然以全副心神在球枱前奮戰，每一記回球都承載着對這座城市的承諾，不僅為香港代表團爭取榮光，更以行動詮釋何謂真正的運動家精神。

與傷患一起成長

吳玫薈自幼便與乒乓球結下不解之緣。上小學前，表哥送了一塊乒乓球板給她，而她的乒乓球天賦被真正發掘，是在小學二年級，當時班主任楊碧瑤老師向林智鵬教練推薦她，從此開始了練習之路。「林 sir 一有時間便帶我到歌和老街的乒乓球中心訓練，並且送我乒乓球衣，直到 2005 年升讀小學三年級，我便正式加入乒乓球訓練班，展開了殘疾人乒乓球手生涯。」

去年的巴黎殘奧會，27 歲的吳玫薈出戰女子單打 TT11 級比賽，十六強遇上巴西球手珊度絲（Evellyn Santos），以直落三局敗陣，未能晉級。對於巴黎之旅成績，吳玫薈學習到的是與傷患一同成長，因為她帶着手部傷患出戰巴黎，從而影響到她爭取獎牌的機會，卻也展示出永不放棄的精神。傷患是每位運動員必經的試煉，也是衝擊獎牌的一大障礙，自言訓練時已受到手傷影響的吳玫薈，需要堅忍着痛楚，完成今次殘奧會旅程。「我覺得訓練中，甚至比賽中，最難捱的時刻是傷患帶來的每一下痛楚，在這種感覺下自己仍要堅持練習，直到比賽最後完成。今屆巴黎殘奧會帶給我的經驗，就是要同傷患共存，而這個手部傷處，只會令我的意志更加堅定，完全沒有減退我對乒乓球的熱誠。」

香港殘疾人乒乓球代表吳玫薈（左二）與一眾隊友示範乒乓球項目。

台上一分鐘、台下十年功

運動員的征途從來滿布荊棘，受傷和心理創傷在所難免，尤其是每次出戰賽事總會遇到不少挑戰，運動員要憑着意志克服。吳玫薈這次帶着手傷參賽，幸得教練、隊友及代表團成員的陪伴及照顧，總算順利完成賽事，已經非常幸運。獎牌不能完全反映選手一路以來的努力，每位運動員背後付出的淚與

每次出戰賽事總會遇到不少挑戰，運動員要憑着意志克服。

汗，外人難以體會與明白，「台上一分鐘、台下十年功」，吳玫薈與其他殘疾人運動員一樣，付出百分之二百努力，換來寶貴的比賽經驗，這是選手生涯上最重要的「資產」，而吳玫薈今次帶傷出戰的經歷，正是成長的養分。

乒乓球隊內各教練無疑是吳玫薈生命中的重要引路人，不僅在乒乓球技藝上悉心指導，更成為她心靈上的導師。「自己有甚麼開心與不開心的事情，都會跟教練分享，所以我很多謝教練多年來陪伴着我，以及指導我怎樣成為一個更好的人，藉此機會要謝謝他們的付出。」

初生之犢不畏虎

吳玫薈今次隨代表隊遠赴巴黎，是她第三次出戰殘疾人奧運會，2016年的巴西里約熱內盧之旅，最令她感到難忘，當年以 19 歲之齡參加這個殘疾人運動會最高舞台，可謂初生之犢不畏虎，首次出戰殘奧會，便在女單銅牌戰力挫師姐黃家汶，首戰即獲得一面銅牌，而這面獎牌，到這刻也是她乒乓球運動員生涯最難忘的一面獎牌。「我很高興首次參與殘疾人奧運會便摘下銅牌，站在頒獎台上，感覺到獎牌的意義，這是我參加這麼多賽事中，最具分量的一枚。在里約熱內盧時，我從沒有想過會贏得獎牌，所以十分驚喜。」

除了里約殘奧會外，2023 年的杭州亞洲殘疾人運動會上，吳玫薈與隊友王婷莛出戰女子雙打 WD22 級，勇闖決賽，最後面對日本選手組合，以總局數 3:2 力克對手，贏下金牌，尤其在第四局兩人背水一戰，連救賽點（Match Point），再於「刁時」取勝，得以進入決勝局，並反敗為勝，相信當中兩人憑着堅韌意志，終告奪金的經歷，也是一次難能可貴的運動經驗。事實上，吳玫薈多年來的乒乓球生涯，為她帶來亞洲排名首位選手名銜，世界排名也衝上第 3 位，今次巴黎殘奧會，每打一球都帶着痛楚，但每一次落後時，仍然抱着希望反勝心態，這種運動員應有態度，值得香港市民給予她們更多鼓勵及支持。

里約殘奧會的驚喜，為吳玫薈在乒乓球之路注入強大力量，到 2021 年的東京殘疾人奧運會，由於賽事以分組形式進行，吳玫薈起初也能打出水準，首場分組賽面對東道主球手伊藤槙紀，首局經過三次「刁時」取下，最後以局數 3:1 勝出，先下一城。不過，隨後面對俄羅斯奧委會及波蘭選手接連失利，未能晉身四強，無緣獎牌戰。「東京殘奧會時，自己信心不足，以致影響臨場發揮，雖然首場分組賽贏了日本球手，振奮了士氣，但之後兩場分組賽，對手實力很強，尤其第二場的俄羅斯奧委會選手是當時世界排名第一，自己始終欠缺信心。」

除了殘疾人奧運會外，吳玫薈在世界錦標賽上亦屢獲殊榮，2018 年於斯洛文尼亞舉行的世界乒乓球錦標賽女子 TT11 級單打賽中，勇奪銅牌，正式踏上世界賽的頒獎台。到 2022 年，夥拍王婷莛出戰西班牙格拉納達舉行的世界殘疾人乒乓球錦標賽，於女子 WD22 級雙打決賽擊敗法國組合，贏得金牌，也是吳玫薈球手生涯一個重要時刻。

全國殘特奧會的新挑戰

吳玫薈在連續兩屆亞洲殘疾人運動會皆奪牌而歸的亮眼表現，為她贏得重要的個人榮譽。2019 年 3 月，「國泰航空 2018 年度香港傑出運動員選舉」，吳玫薈獲得「香港傑出運動員」獎項，這也是她連續兩年成為「傑出運動員」，可謂社會大眾及香港體育界對其過去兩年所作出努力的肯定。

今年底舉行的全國第十二屆殘疾人運動會暨第九屆特殊奧林匹克運動會，將是中國香港殘疾運動員展現實力的重要舞台，正如吳玫薈過往於殘疾人奧運會、亞洲殘疾人運動會，甚至出戰歐洲的世界錦標賽，肯定會全力發揮水準，以答謝香港市民的支持及鼓勵。縱然巴黎舞台曾受手傷影響表現，但這肯定是一次更寶貴經驗，正如她所說，學習與傷患結伴同行，無畏前路艱難，堅定地向目標邁進。

方寸之間與命運對弈

王婷莛

如果要我對十年後的自己說一些話，會是：堅持繼續成為乒乓球運動員。

歷年主要賽事成績

東京 2020 殘疾人奧運會 - 乒乓球女子 TT11 級單打銅牌

2022 年 ITTF 世界殘疾人乒乓球錦標賽 - 乒乓球女子 TT11 級雙打金牌

杭州 2022 亞洲殘疾人運動會 - 乒乓球女子 TT11 級單打銀牌

中國香港殘疾人乒乓球代表隊選手王婷莛在巴黎殘奧會女子單打 TT11 級八強賽中全力擊球，神情專注、動作凌厲。

王婷莛在示範活動中展現專業球技。

現年 22 歲的王婷莛是中國香港殘疾人乒乓球代表隊成員，她性格內斂，甚至有些執著，但手中的球拍一握就是十多年。訓練再苦，她從不抱怨；比賽再難，她從未退縮。王婷莛不斷改進自己球技，因為她相信，每一滴汗水，都在澆灌夢想；每一次揮拍，都更靠近那個大舞台。在方寸之間，她不僅在與對手較量，更是與命運對弈。

與乒乓球的初次相遇

王婷莛的乒乓球之路開始於小學五年級，與不少運動員一樣，王婷莛是從學校興趣班接觸乒乓球運動，當時還只是小五的她，仍在羽毛球及乒乓球之間猶豫不決，起初只是於小息時與同學打乒乓球，但最後因為有一位擅長打乒乓球的老師，在發掘一些具潛質學生出賽時，留意到王婷莛很有潛力，而她在短時間內進步神速，自覺很快上手，故最終朝這個方向一路發展，代表學校參加乒乓球比賽，取得不俗成績，繼而進入香港代表隊，接受更專業、更系統化的訓練。

巴黎殘奧會的遺憾與收穫

2024 年的巴黎殘疾人奧運會，是王婷莛繼 2021 年東京一屆後，第二次參與這個運動員最頂峰的舞台，出戰女單 TT11 級比賽，最後於八強不敵上屆冠軍、以中立身份參賽的俄羅斯名將普高費娃（Elena Prokofeva）。回顧這次殘奧會之旅，王婷莛的語氣中透露一絲遺憾，坦言對比起三年前奪銅牌的東京殘奧會，今次大賽的競爭很大，造成巨大壓力，加上抽籤方面不利，對手是資深球手，以及賽會採取淘汰制，多方面的客觀因素，導致未能達到預期目標。「經過這次大賽，希望日後能夠改善自己比賽臨場抗壓力，心理質素上未及其他選手穩定，也是最終未能跨過八強的原因。」

王婷莛出戰巴黎殘奧會，除了全力在擅長的乒乓球項目上爭取佳績外，她亦首次擔任中國香港代表團的賽事開幕禮持旗手，與輪椅羽毛球健將陳浩源，帶領着團隊進場。這個看似柔弱的乒乓球女孩，要挺起旗杆超過一個小時，真的不容易。這段特別的經歷，為她的巴黎之旅增添了別樣的光彩。

對比 2021 年的東京殘奧會，王婷莛這次巴黎之旅感受到截然不同的溫暖氛圍。除了本身隨行的官員、團隊成員現場為乒乓球代表隊打氣外，亦見到不少當地華人、甚至香港人特意前來支持中國香港運動員，這是以往到歐洲出戰其他賽事時，從未感受過的熱情，縱然當時巴黎天氣入夜後氣溫偏低，但遇上熟悉的廣東話，即時令王婷莛的緊張心情稍為舒緩，暖在心頭。

孤獨與競爭

在備戰巴黎殘奧會的漫漫長路上，最令王婷莛感到難捱的是獨處時刻，就算是代表隊中有不少隊友鼓勵，難免有時產生孤獨感。「例如單獨進行體能訓練時，要適當調節心理狀態，甚至用各種方法不斷激勵自己。對我來說，精英運動員參與過這麼多比賽後，歷練上始終有不同，應該有自己想法如何爭取更好成績。有時覺得參加本地比賽，要跟隊友爭冠軍，那種心情較為複雜，大家都是為了最好成績而努力訓練，但冠軍只有一個，跟隊友之間的競爭，那種不為人知的掙扎，對我來說是頗辛酸。」在追求卓越的路上，我們都在學習如何與孤獨共處，如何在競爭中保持良性的關係。這些看不見的心理博弈，往往比場上的較量更考驗一個運動員的成熟度。

性格內向的王婷莛自言年少時很在意別人對她的看法，後來她閱讀了心靈作家何權峰的著作，觸發她對自己心靈層面的探究，她認為乒乓球塑造了自己的品格，教會她自律的價值、學會設定目標，以及享受過程中的快樂，亦將書本中的知識融入日常，在遭遇挫折時成為支撐她的力量。自從東京殘奧會摘下銅牌後，無形中為她帶來了甜蜜的負擔，令她出戰巴黎殘奧會抱持「唔輸得」的心態，形成沉重壓力，此情況更被對手輕易察覺，最後影響了臨場發揮。經歷巴黎一役的洗禮，她認為今後的心理方面，以至技術層面及體能上，都要針對個人需要作出改進，球技上會透過觀看更多比賽錄影，從中找出可以改善的地方，而對抗壓力方面，她則希望在時間洗禮過後，學會沉穩與篤定。

先學做人，再學打球

在殘疾人乒乓球運動員道路上，陳栩教練無疑是王婷莛最重要的引路人。自2019年開始合作以來，這對師徒建立起一段獨特而深厚的情誼。「陳教練很少開玩笑，給人一種嚴師感覺，最記得他說了一句：先做好一個人，才想在乒乓球上打好波。我要感謝他對我的不足作出提點，從失誤中得到別人提醒很重要，起碼可從中作出改進，使日後發揮會更好。」更難能可貴的是，陳教練對隊員的關懷無微不至。王婷莛分享了一個暖心的故事，出國比賽時，他會為運動員準備適合歐洲電壓的轉接頭。這些看似瑣碎的生活細節，對殘疾運動員來說卻是實實在在的幫助。

在面對賽場上的壓力與挫折時，王婷莛最依賴的是家人的支持。「只有相處多年的親人，才能真正理解我的喜怒哀樂，」她真摯地說。那些與家人談心的時刻，成為她化解心結的最佳良藥。這種經年累月建立的親情關係，是外人難以替代的精神支柱。

一句加油，就是一份力量

巴黎殘奧會作為最高規格的國際體育盛事，王婷莛稱參賽期間也有很多規則要遵守，例如各國選手必須於一個地方集合，然後按指定通道進場，甚至熱身的乒乓球枱安排也預先編排好，若選手沒有準時到場，便失去熱身機會，這些規格比以往出戰的歐洲世界賽更加嚴謹。

巴黎之旅已成為王婷莛職業生涯中寶貴的一頁，今後如何繼續走在乒乓球之路，王婷莛會以2025年底的全國第十二屆殘疾人運動會暨第九屆特殊奧林匹克運動會，作為下一個全力衝刺的舞台，而香港市民對中國香港殘疾運動員的支持相當重要，可以作為選手背後動力，爭取好成績。長遠而言，王婷莛期盼自己的運動員生涯能延續下去，除了可從乒乓球上找到自我價值外，全職運動員會得到很多資源上保障。「我在特殊學校出身，日後若離開運動員生涯，在社會尋求出路並不容易，始終殘疾運動員各人能力有異，在資源上肯定不及運動員期間時那麼豐富。如果要我對十年後的自己說一些話，會是：堅持繼續成為乒乓球運動員。」

與王婷莛之間的交談，雖則這位年輕女生只有22歲，但思想上已非常成熟，智力障礙導致思路轉數上確會稍為慢一點，但她的理解力與表達能力與主流人士無異，言談間更透着一份難得的真誠。代表中國香港殘疾人乒乓球代表隊出賽，作為運動員，最重要是外界肯定其實力與成績。「有時候市民一句簡單的加油，就能讓我們在艱難時刻獲得堅持下去的力量，」王婷莛說這話時，眼中閃爍着感激的光芒。今年全國殘疾人運動會，正是香港市民親身為他們打氣一個好機會，讓整個社會見證運動員「搏盡無悔」的精神。

第 3 章

輪椅上的劍光

輪椅劍擊

輪椅劍擊

輪椅劍擊的運動員在輪椅上進行比賽，運動員在比賽時坐在已固定於可調校距離及左右對賽位置的金屬架輪椅上，只有上半身可自由移動與對手近距離對戰，以確保比賽的高強度。與奧運劍擊項目一樣，輪椅劍擊包括三個小項：花劍、重劍和佩劍。二戰結束後，為幫助脊髓損傷患者做康復訓練，路德維希・古特曼爵士在斯托克・曼德維爾醫院發明了輪椅劍擊運動，以強化他們的肌肉並改善平衡感。輪椅劍擊在 1960 年首屆殘奧會上被列為正式比賽項目。中國香港共有 4 名運動員獲得 2024 年巴黎殘疾人奧運會參賽資格，包括余翠怡、范珮珊、湯雅婷及鍾婉萍。

級別鑑定

患有影響運動功能障礙的運動員，包括骨科障礙、癱瘓、四肢癱瘓、偏癱、腦癱、退行性神經系統疾病和神經功能障礙，他們必須在輪椅上比賽。

分級字母

A 或 B

比賽規則

輪椅劍擊的規則與奧運劍擊大致相同；不同之處在於劍擊手在比賽中只能使用上半身。兩名劍擊手之間的距離由臂展較短的一方決定。劍擊手的位置根據他們是右撇子還是左撇子來確定。在比賽過程中，劍擊手必須一隻手握劍，另一隻手在攻擊和復位時抓住輪椅。劍擊手必須保持坐姿，腳放在腳踏板上。在花劍比賽中，有效擊中部位是對手的軀幹。而在佩劍比賽中，有效擊中部位是腰部以上的身體部分。在重劍比賽中，臀部以上的整個身體都屬於有效擊中部位。參賽選手還需要穿上金屬製成的防護圍裙，確保對非目的地區域的擊中不被計分。

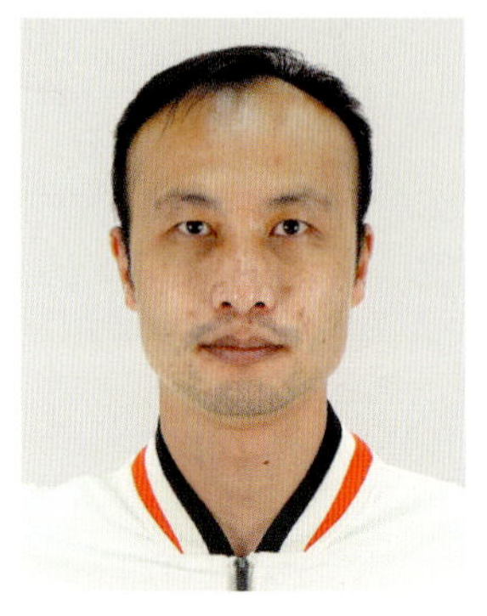

互信的初衷

黃金球 總教練

一個團隊，尤其是一支代表地區出賽的運動團隊，教練與選手之間的信任，猶如劍刃與劍柄的契合 —— 缺了這份無言的默契，莫說爭金奪銀，就連在賽場上展現最佳狀態都欠缺。中國香港輪椅劍擊代表隊總教練黃金球，正是以這樣的信任為基石，在隊員心中打造起一座無形的堡壘。他不僅精研戰術，更將全副心力傾注於隊員身上，從劍尖的光芒到輪椅下的汗水，從賽場的勝負到人生的起伏，無一不細心關照。這份超越技術層面的全心付出，正是他屢次率領團隊踏上殘疾人奧運殿堂的答案。

轉型之路

黃金球曾是香港劍擊代表隊成員，最初在 2015 年主要協助中國香港劍擊總會教導健全的青年劍手，直到一次機會來臨，輪椅劍擊代表隊有意找總教練，他便於 2018 年出任代表隊主帥，展開不一樣的職業道路。在今次巴黎殘疾人奧運會，黃教練在準備工作上做得很充足，殘奧會是運動員最重要舞台，必須讓選手在最佳時機進入作戰狀態。他提到運動員賽前出賽的興奮度很重要，因為殘奧會不是每幾個月舉行一次的世界賽分站，而是運動員生涯可能僅有兩次，甚至一次的機會，所以今次巴黎之旅，他特意安排代表隊提前一個多星期抵達目的地，不單要在環境、食物的適應上做到最好，更要把選手參賽興奮度調節得剛剛好。黃教練指出，若太早帶選手到達巴黎，那他們可能因為等開賽等得太久，戰意上會因時間流逝而消磨，故這個抵埗時間很重要。中國香港輪椅劍擊隊今次在巴黎之旅與獎牌擦肩而過，但黃教練稱，今次大賽運動員發揮基本上達到

歷年主要賽事

杭州 2022 亞洲殘疾人運動會

2023 年 IWAS 輪椅劍擊世界錦標賽

2024 年輪椅劍擊亞洲錦標賽

預期，選手比賽心態也令他很滿意。

團隊的裝備

作為殘疾運動員的總教練，不只要替各個選手鑽研不同打法，希望他們在成績上有所突破，更重要的是，場外的生活需要同樣要妥善照顧。「自從上任總教練後，印象最深刻的應是出外比賽時搬運選手的器材、裝備，甚至輪椅，每個劍袋可能重 25 至 30 公斤，一次出外可能有 10 個劍袋，重量不用多說，在香港體育學院集合後出發時，便需要協助搬運板車到上車位置，來回數轉是肯定的事。到了機場，未到行李登記前，各人需動腦筋如何將輪椅及裝備袋放在一起，再次紮緊繩帶以避免滑落，然後推至櫃位作行李登記。」教練團隊在搬運裝備上，絕對付出一定體力，而這種體驗，相信擔任健全劍手教練時應不易理解。

黃金球教練亦提到，因為代表隊出外比賽裝備眾多，每次出行他都會提前至少三小時到達機場，他說在香港國際機場時，出境手續流程已相當熟悉，但到外國機場，若遇上不友善的機場人員，那就更耗時了，而這些出賽事前準備功夫之辛苦，相信是現場或坐在電視機面前欣賞中國香港輪椅劍擊隊選手光輝一刻的觀眾，無法想像到的。

運動心理學的致勝關鍵

今次出戰巴黎殘奧會，中國香港劍手面對來自世界各地運動員水準不斷提高的挑戰，黃金球指出世界不少國家正全力發展殘疾人運動，尤其劍擊方面，運動員數量比以往多了不少，形成競爭更為激烈，所以教練團隊在 2021 年東京殘疾人奧運會後，獲得中國香港特區政府資助，在運動科研上工作下了功夫，為未來比賽作更好準備，其中與香港理工大學合作，在運動員使用的輪椅配件更細微調節上如何做到最好，例如輪椅扶手柄、腳踏等硬件上可助劍手發力更順暢等。至於教練團也會攝錄劍手比賽情況，方便日後檢討當中的得與失。

Nothing is impossible，選手必須相信自己的能力並信任教練團隊的規劃。

然而，黃金球認為硬件上改進雖不可或缺，但運動員心理素質的調適才是關鍵。比賽本質就伴隨着壓力，他特別重視運動員的心理建設：「我自己也是運動員出身，明白運動心理學家不單解決劍手比賽的心理問題，其實牽涉更多範疇，包括專注力、出賽時如何提高興奮度，甚至意象訓練，這些都屬運動心理學家提升選手表現的面向，所以我百分百肯定運動心理學的價值。」

除了心理素質，黃金球很重視團隊的競賽心態，劍手之間需要良性競爭才有進步，故他會安排退役輪椅劍擊運動員及健全劍手與代表隊成員陪練，從中將輪椅劍手各方面對抗性提高，始終出外比賽，若然在練習中沒有培養這種競賽心態，那麼到真正比賽時，那效果便不如理想。黃教練提及起初曾經安排健全劍手與輪椅劍手一同訓練，雖然未必兩方面打的劍路相同，但可刺激輪椅劍手用劍技戰術思維，從而在戰術層面激盪出新火花，這些都是黃教練用心良苦提升代表隊成員水平方法。

至於與代表隊成員的關係，黃教練提到自己是以朋友態度相處，再用專業教練處理方式去應對及解決難題，有時面對殘疾運動員時，他稱有時也會偏向於關心選手情況，從中再商討解決方法，對於劍手心理照顧上可謂無微不至。「以往當劍擊運動員時，沒有想像過傷殘劍手有這麼多需要被照顧的地方，直至當上總教練，才明白傷殘人士要成為代表隊劍手，不是想像中那麼輕易，有很多細節上均要細心考量，除了訓練模式及計劃，始終不是每個殘疾劍手做到，又或者部分劍手因身體結構，需要特別某些動作調整，各種動作設計均考驗教練團的功夫，尤其是時間付出，必須熟悉各人能力，才能制訂出適當訓練模式。」

傳承與突破

在代表隊未來發展上，縱使現時代表隊仍有一些具潛質劍手，但黃金球坦承正面對輪椅劍擊青黃不接的難題，儘管協會方面主辦不同宣傳、推廣活動等，希望吸納新晉年輕殘疾人士，但要找身體條件適

黃金球獲輪椅劍擊個人項目青少年組全年最佳教練獎。

合的殘疾人，又要他們對輪椅劍擊運動有熱誠，其實相當困難，這使輪椅劍擊發展上面臨更大挑戰。對於未來目標，黃金球着眼於今年十二月中國香港協辦的全國第十二屆殘疾人運動會暨第九屆特殊奧林匹克運動會，還有明年的名古屋2026亞洲殘疾人運動會，長遠目標則是如願在2028年的洛杉磯殘疾人奧運會上，為中國香港團隊收穫獎牌。

「選手必須相信自己的能力，並信任教練團隊的規劃。」儘管今次巴黎殘奧會未能奪牌，但香港輪椅劍擊隊展現出的拚搏精神，值得市民給予更多肯定。運動場上競爭講求成績，但有時應更在意殘疾運動員背後所付出努力及心血，訓練本是艱辛，要登上殘奧會頒獎台便要有勇氣面對未知的對手和挑戰，打出比平時更高水平。「Nothing Is Impossible」黃金球總教練堅信，中國香港輪椅劍擊代表隊重整旗鼓後，會迎接更美好將來，尤其全國殘特奧會，中國香港劍擊代表隊有主場之利，定必在市民打氣下找回勝利感覺，再創佳績。

謙遜的修養

歷年主要賽事成績

IWAS 2023 輪椅劍擊世界盃 - 韓國釜山 - 女子花劍 A 級個人賽 銅牌

IWAS 2023 輪椅劍擊世界盃 - 美國 - 女子花劍 A 級個人賽 金牌

輪椅劍擊亞洲錦標賽 2024 – 泰國 - 女子花劍團體賽 金牌

香港輪椅劍擊名將余翠怡在巴黎殘奧會女子花劍個人賽 A 級賽事中，成功得分瞬間激動吶喊。

余翠怡
放棄很易，堅持很難，但只要堅持，
身邊一定有人支持。

余翠怡（左）比賽英姿，出劍俐落。

作為殘疾人奧運會七面金牌的得主，余翠怡成為在殘奧會上累積最多金牌的中國香港運動員，在體壇刻下璀璨印記，這份輝煌背後了付出巨大努力。2024 年巴黎殘奧會，她攜手與戰友再度出戰女子花劍、重劍團體賽以及個人賽，雖與獎牌失之交臂，但正如她所說，對得起自己，對自己有所交代，已是今次之旅不錯收穫。

從雅典到巴黎的榮耀軌跡

翠怡 11 歲時因為患上骨癌，接受化療後因傷口發炎，需要切除左腳小腿，後天的際遇，令她從此踏上人生不同道路。最初她對游泳感到興趣，及後於 2000 年底加入輪椅劍擊訓練，甫開始劍擊手生涯，已經頻頻在獎牌上有收穫，及後的個人殊榮，包括兩次當選香港傑出青少年運動員、七次榮膺香港傑出運動員，2007 年更加當選十大傑出青年，這些獲得外界肯定，使她的人生添上色彩。

從 2004 雅典殘奧會運動會到去年的巴黎，余翠怡的足跡已踏遍北京、倫敦、里約熱內盧，以及東京，細數之下，今次巴黎之旅已是她個人第六次出戰殘奧會，大賽經驗豐富不用多說，香港市民對這位輪椅劍擊手亦很熟悉，透過電視節目主持工作深入民心，成為香港家喻戶曉的運動明星，累積不少粉絲。她自言受到公眾關注，不時獲得有心市民在社交平台及討論區送上打氣語句，甚至今次巴黎賽場上能夠聽得到香港支持者以廣東話打氣，令這位身經百戰的劍擊手也感激不盡。

巴黎之戰對余翠怡別具意義。繼 2008 年北京和 2012 年倫敦殘奧會後，這次父母再度親臨現場，定居法國的親友也特地到場支持。在圓拱型的巴黎大皇宮賽場，面對着數以千計觀眾，余翠怡直言相比上屆東京殘奧會在疫情下進行，今次終於回復正常大賽氣氛，而且輪椅劍擊也是一個頗受觀眾歡迎的項目，大皇宮基本上每日比賽都座無虛席。

女子花劍團體賽現場，四位隊友聚在一起合照，展現團隊精神和友誼。

在現今世代的運動世界，運動員也難免接觸到社交平台上的言論意見，尤其像余翠怡這樣高知名度的選手，出賽殘奧會表現會受到更多關注，她自言習慣比賽前日子不接觸社交平台，避免影響到自己思路，專心比賽。社交平台有着快速傳播效用，同時也會容易令人過分沉迷下去，介意別人說話，便會對自己造成一種壓力，故翠怡比賽前刻意避開瀏覽社交平台，習慣聽一些節奏澎湃的歌曲，亦會帶上瑜珈墊，在賽前做更多伸展熱身，充足備戰，無疑是她賽場上揮劍更銳更準的關鍵。

失敗中的成長課

在女子花劍團體賽中，余翠怡與隊友最後於銅牌戰不敵意大利隊，僅差一步之遙便可收穫殘奧會獎牌，而身經百戰的她在整個參賽過程中看得到團隊正在進步，亦不介意最後巴黎之旅沒有得到獎牌。競技成績像雙面刃，能夠推動運動員做得更好，另一方面給予的壓力也不少，正如翠怡所講，她能接受失敗，而運動員的職責在於不過份介意眼前成績，雖然獎牌是運動員奮鬥目標，但面對比賽過程中的不足，正視後再作出修正，才是今後選手之路的重要課題。余翠怡提到曾在航機上看過已退役的世界網球天王級人馬費達拿的自傳電影，給她很重要啟發，運動員的生涯很多時都需要接受失敗，甚至要懂得取捨，觀眾往往重只看到選手正能量一面，其實不論健全運動員或殘疾運動員，同樣有喜怒哀樂的情緒，故翠怡也稱希望公眾可了解更多運動員的背後故事，因為每次出賽，從備戰工作到正式上場比賽，無論是否獲得獎牌，都是有血有淚的經歷。

余翠怡希望市民欣賞殘疾運動員比賽，除了見證他們的拼搏精神，更應思考背後深意，傷殘選手要在世界最頂級的殘奧項目中突圍而出，所遇上難度更高，如何在先天、後天缺陷中，仍能發揮殘奧會精神，意志堅定下邁步向前，當中更需要很多體力與心力。

正因為輪椅劍擊為余翠怡帶來無數殊榮，2021 年的東京殘疾人奧運會未能獲得任何獎牌，成為了她最難忘的一次大賽，在女子 A 級重劍及花劍個人賽八強止步，花劍團體賽銅牌戰亦在輸一劍緊湊形勢下，無緣現身頒獎台。回顧 2021 年，翠怡當年參賽殘奧會外，她亦擔任奧運會的電視台評述，做過電視節目主持，開發了人生不同成就，正

雖然獎牌是運動員奮鬥目標，但面對比賽過程中的不足，才是今後選手之路的重要課題。

余翠怡於女子花劍個人賽級別 A 晉級銅牌戰，臉上洋溢着自信的微笑。

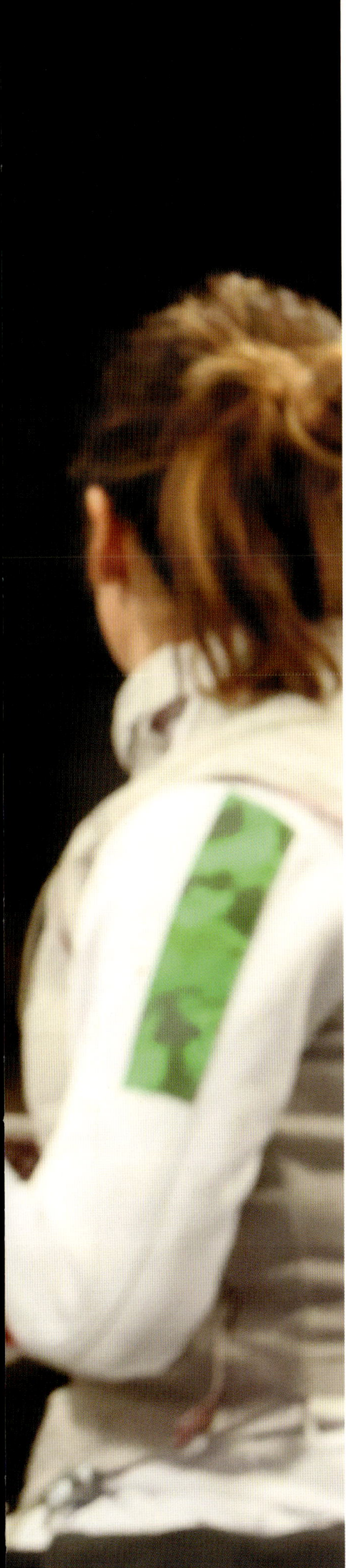

如她當年社交平台 Facebook 道：「放棄很易，堅持很難，但只要堅持，身邊一定有人支持。」

提到擔任電視台節目主持的經歷，余翠怡直言這份工作比起打劍容易多了。「我喜歡做節目主持，可能本身是一位比較擅於說話的人，在節目當中過程所處理的事，比起打劍而言，覺得較為輕鬆，而且相當有滿足感。當然，本身自己也對其他運動項目有興趣，所以就算當節目臨時要出鏡延長多一分鐘，自己也可憑擁有體育知識應付得來。」

共同進退，保持謙遜

去年巴黎殘奧會獲香港電台直播比賽，余翠怡也認為可讓廣大市民更認識中國香港殘疾運動員當中搏盡無悔的精神。對比起 2004 年雅典殘奧會，翠怡形容當時代表團參加比賽，沒有香港記者採訪，無人問津。與今天相比，殘疾運動員獲得的認受性可謂天淵之別。的確，從 2004 年走到今日的 2025 年，殘疾運動員在社會地位上變化，翠怡應感受最深，而她現時是中國香港輪椅劍擊團隊「大師姐」，所抱心態依然是與其他隊友共同進退，始終保持謙遜。

「劍擊是一項比較個人的運動，我不想以大師姐的身份指導隊友，而是歡迎大家開放討論，讓彼此技術層面有所提升，而自己亦會跟教練討論，我相信這是本身一種特質，使我能夠這麼多年來在隊內都具備競爭力。至於黃教練，他本身是一位劍擊運動員，對這項運動有很深認識，亦很隨和，現在隊內與他很多時討論針對應戰選手的技術層面，我與他年紀相若，大家更會用一種更平等、更坦誠相向方式溝通。」

在香港體育學院每日必經的路上，一塊寫着「累了不要輕言停下來，除非你到達了終點」的標語，引發余翠怡的深刻反思。她認為在現今急速變化世代，實在有太多因素令努力未必有回報。

她現時出席講座時，會向觀眾灌輸其實運動員與平常人一樣，也有失敗的時候，「放棄就是錯？未必。」余翠怡以二十年職業生涯淬煉出的領悟：在這個充滿變數的時代，比堅持更珍貴的，是培養「彈性復原力」—— 懂得在撞牆時調整呼吸，在迷路時重新定位。這份將失敗轉化為養分的能力，或許才是當代追夢者最該裝備的生存技能。

五十鋒芒

范珮珊

歷年主要賽事成績

杭州 2022 亞洲殘疾人運動會 - 女子花劍團體 - 銀牌

輪椅劍擊亞洲錦標賽 2024 – 泰國 - 女子重劍團體賽 銅牌

輪椅劍擊亞洲錦標賽 2024 – 泰國 - 女子佩劍團體賽 銅牌

抱有鬥心，爭勝的初心不變，
從輪椅劍擊運動中找到快樂的真諦。

范珮珊出戰巴黎殘疾人奧運會女子花劍個人賽 A 級別，展現出色技術與堅定毅力。

當生命年輪刻劃至第五十圈，多數人開始盤算退休生活；對中國香港輪椅劍擊選手范珮珊而言，這卻是持劍再戰巴黎殘奧的榮耀時刻。去年，這位「入五」女將以矯健身手打破年齡迷思，代表中國香港上陣比賽。四年一度的殘奧盛事，於她不只是競技舞台，更是向世界證明 —— 當你仍充滿熱血，五十歲照樣能為夢想前進。

搏盡無悔

范珮珊自 2001 年起接觸輪椅劍擊這項運動，翌年便代表香港參加釜山第八屆遠南運動會（至 2010 改為亞洲殘疾人運動會），2002 年以來，珮珊仍然懷着鬥心，活躍於賽場，那份與隊友一齊追求勝利的執著，是她出戰巴黎的動力。作為輪椅劍擊 A 級選手，今次巴黎殘奧會繼續出戰個人賽及團體賽，雖未如往昔摘牌而歸，但起碼盡了努力，搏盡無悔，這正是珮珊與隊友於今次巴黎舞台上，展示給香港市民及世界運動迷的重要一面。

巴黎賽場上，范珮珊於擅長的個人花劍項目 A 級賽復活賽，不敵韓國劍手權曉京，未能晉級，而韓國選手參賽時才只得 23 歲，體力上及速度上肯定較當時 49 歲的老將有優勢。作為運動員，生涯上總面對不同挑戰，個人賽無法再像全盛時期般成功突破，唯有於花劍團體賽，與隊友共同努力。

或許命運真的於巴黎考驗中國香港輪椅劍擊代表隊成員，八強戰硬拼烏克蘭隊，珮珊在大皇宮賽場，在現場觀眾打氣聲下，上演了一場驚天逆轉戰局，面對落後 28:35 的劣勢，她實力大爆發，取得 12:1 的驚人戰果，助中國香港隊反超至 40:36，成為團隊晉級四強的功臣。「當時沒有想太多，因為熟悉對手打法，結果自己在比賽取得大比數領先，助團隊反超前，也可幫助之後上場隊友更輕鬆作賽，對我來說在這場比賽得到很大滿足，感覺沒有辜負其他隊友期望。」

巴黎大皇宮的印象

站在巴黎大皇宮如此宏偉的比賽場地，在眾多觀眾熱烈打氣下，運動員作賽時會顯得更起勁，這座百年建築的華麗設計更帶來特殊體驗：「大皇宮比賽環境真的很宏大，大得經常以為自己迷路，因為比賽前通道都鋪上黑布，只得一條路可行，又看不到外面，所以行起來感覺每個位置都是一樣。比賽前一天，大會安排工作人員帶運動員先行一次進場通道，老實說，地方這麼大，只行一次根本不會記得條路怎樣走，這是我今次巴黎之旅其中一個難忘之事。當然，大皇宮設計真的很華麗，令我留下深刻印象。」

范珮珊在女子重劍團體賽中奮力拼搏，展現出頑強的鬥志與精湛的劍技。

的確，范珮珊這次參加巴黎殘奧會，是生涯以來首次以外卡（在體育競賽中額外參賽名額）身份參賽。過去兩屆殘奧會，分別是 2016 年巴西里約熱內盧及 2021 年日本東京，因得分不及隊友，所以未能出戰，今次重返殘奧會舞台，她更珍惜比賽時刻，為了獲得巴黎入場券，她付出了艱辛的努力。回顧 2004 年希臘雅典殘疾人奧運會，當時珮珊首戰殘奧會，已經打入女子個人賽重劍 A 組決賽，雖不敵隊友余翠怡，但收穫殘奧會個人賽銀牌，是她輪椅劍擊生涯中最難忘一次。

與多數中國香港輪椅劍擊選手一樣，范珮珊的運動生涯始於興趣班，因為資源不太多，在器材方面確實花盡心思，為了不讓自己在輪椅上跌倒，便找人縫紉布帶能夠扣着自己的手，保持平衡，而運動器材都是自資買回來，相比現在新入隊的運動員，起碼有部分資助，得以在購買更好質素的擊劍器材。在轉為全職選手前，珮珊曾長期兼顧工作與訓練。「僱主雖體諒我的選手身份，但無薪假期始終有限。」她回憶道。直至轉為全職運動員後，珮珊可全身投入運動中，這也是過往與近年對運動員資助的區別所在。

ÉPÉE FEMMES ÉQUIPE - PISTES BLEUE 1 & 2
HONG KONG, CHINE
FRANCE
ÉPÉE FEMMES ÉQUIPE - PISTES JAUNE 1 & 2
CORÉE
THAÏLANDE
ÉPÉE FEMMES ÉQUIPE - PISTES ROUGE 1 & 2
HONGRIE
CHINE
ÉPÉE FEMMES ÉQUIPE - PISTES VERTE 1 & 2
UKRAINE
OMEGA
PARIS 2024
world abilitysport
PARIS
PARIS 2024
FRA

友誼的力量

打了這麼多年劍擊，范珮珊與隊友之間默契，不少都從出外比賽時一齊生活、一齊拼搏而培養出來，有時到歐洲比賽，大會提供的食物未必完全合乎亞洲人口味，所以閒時她會與隊友一起煮食，從中增進彼此之間感情。

珮珊指以前訓練時也是得到隊友幫助，才得到今天的成就，在這條劍擊路上，她得到很多人的協助，與隊友之間互補不足，正是她們在團體賽上，屢獲獎牌的原因。中國香港的輪椅劍擊發展較早起步，故有一定優勢存在，只不過，國際間的選手都正在追趕上來，甚至有很多都是職業化，中國香港代表隊今後會面臨巨大挑戰。除了隊友外，珮珊出國比賽征戰多年，亦與很多不同國家選手建立良好友誼，甚至可以用熟絡來形容，不時在 Facebook 互相問好。比賽有勝負，但友情沒有終點線，這些都是作為地區代表隊運動員，擴闊生活圈子的優勢。

傷病與未來的考慮

在輪椅劍擊運動上，范珮珊年資豐富，亦因四出參加比賽，獲得了不少獎牌，但同時不可避免地累積了許多傷患。尤其是之前的網球肘、肩膊及手腕傷的問題頗為嚴重，亦影響到日常生活。「當時連生活上主力用手也受傷，連食飯也需要人幫助，那刻真的有點害怕，甚至連換衣服，推開車門或家中大門的能力也沒有，唯有請別人提供協助，所以現在比賽，最希望是不要受傷，傷了身體任何部分，便對生活上造成一定障礙。」除了傷患，對於珮珊而言，因為年紀偏大問題，她也開始規劃運動員以後出路，數年前攻讀康體及文化課程，盼日後可從這方面發展。

不過，珮珊透露自己仍然於比賽抱有鬥心，爭勝的初心不變，因為她從輪椅劍擊運動中，找到快樂的真諦。今年 12 月將會舉行全國第十二屆殘疾人運動會暨第九屆特殊奧林匹克運動會，范珮珊也會全力在這個賽事爭取好成績，畢竟中國香港代表隊今次有主場之利，除了自己，代表隊亦盼以老帶新，幫助一些年輕運動員，在大賽中爭取更佳表現。巴黎殘奧會上，范珮珊感到真的有很多香港市民支持，在街上也被市民認得出，可說出她的名字，現今社會對殘疾運動員的接受度提高，其中一個原因是傳媒報道多了，電視台直播比賽，讓市民同步感受比賽過程，與運動員一同感受喜怒哀樂，那種經驗令人更深刻，相信今次全國殘疾人運動會，媒體也會擔當重要角色。

獎牌櫃裏的光芒，早已反映范珮珊的巔峰時刻。如今進入運動員生涯的尾聲，她卻依然每天帶着笑容踏入訓練場。縱然多年打比賽，留下了相當多的傷痕作為歲月印記，但始終無悔。外人或許以為輪椅劍擊較省力，但每個看似微小的推輪動作，都是運動員背後付出數之不盡的血汗。這樣的奮鬥精神，絕對值得香港市民給予他們更多讚賞及支持。

女子重劍團體賽 8 強現場。

TERNI 2023

堅信自己感謝自己

湯雅婷

假如有一天，我在賽場上贏得夢寐以求的勝利時，我一定留十秒多謝最初的自己。

歷年主要賽事成績

- 2021 年 IWAS 輪椅劍擊世界盃意大利比薩 - 女子花劍 B 級個人賽 銀牌
- 2022 年 IWAS 輪椅劍擊世界盃泰國春武里 - 女子重劍 B 級個人賽 銅牌
- IWAS 輪椅劍擊世界錦標賽 2023 - 女子花劍團體賽 第四名

巴黎殘疾人奧運會，32 歲的湯雅婷首次參加殘奧會，勇闖銅牌戰。

信心，是運動員最鋒利的劍——而中國香港輪椅劍擊代表隊成員湯雅婷（阿湯），透過大大小小不同的賽事，收獲無數獎牌，在賽場上磨礪出自信的鋒芒，從地區賽事到國際舞台，她掌握到心中比賽節奏，一步一步向着目標邁進，隨着經驗的積累，自然就會走向成功的巔峰。

只差一步

2024 年的巴黎殘疾人奧運會，是 32 歲的湯雅婷首度出戰的殘奧會，回溯到 10 年前的 2014 年，雅婷首次接觸輪椅劍擊這項運動，當時 22 歲的她透過師姐鍾婉萍介紹下加入興趣班，誰猜到她一打便愛上，由於擁有修長手臂及身軀短小優勢，雅婷很快便加入中國香港代表隊，投入全職訓練。去年首次出戰殘奧會，她自言沒有甚麼明確目標，只是抱着增加比賽經驗來加強自己的歷練。或者就是因為殘奧會的「初體驗」，雅婷回想起來，也覺得自己出戰女子重劍 B 級個人賽銅牌戰時，表現較為慢熱，迎擊烏克蘭選手費度達（FEDOTA-ISAIEVA Olena），最後以 6:15 告負，與殘奧會獎牌擦身而過。

只是差一步，湯雅婷便能在首次參戰殘奧會就奪牌，這微小的差距令到她意識到確實需要提升心理鍛鍊，改善自己慢熱情況，而今次巴黎殘奧會正是提升自己的良機。「我的慢熱情況當然是弊多於利，有時候我出劍的速度較慢，對手便能迅速得分，如此一來我就要全力追上，有時對於自己這些狀態都會有些煩躁。不過，今次賽事中自己總算清楚打法步驟，也是一次很好經驗。」

賽事中奪獎固然是好事，但湯雅婷深知，個人的進步也是一種收穫，湯雅婷能夠參與巴黎殘奧會這類大型賽事，感受濃厚的大賽氣氛，她形容當時出賽氣氛熾熱，但跟其他劍手一樣，因為現場環境較嘈吵，所以在留意裁判指示出劍時便需格外留神。

在備戰今次巴黎殘奧會上，湯雅婷與其他隊友曾經到過中國南京與江蘇隊進行特訓，連續訓練會消耗極大體能，出現疲倦是無可避免，而黃金球總教練於備戰時亦提出一些全新戰術概念，對雅婷來說是從來未接觸過，要領略當中技巧也有一定難度，亦有種迷茫感覺。雖然運動員訓練艱辛，但阿湯在今次

湯雅婷於示範活動中展現花劍技術。

巴黎舞台上亦有令她感到窩心的事。「今次巴黎之行，有很多身邊人支持我，包括家人、朋友都專程赴法國現場為我打氣，其中更有朋友申請擔任殘奧會義工，令人驚喜的是，他們負責的正是輪椅劍擊項目的工作，可近距離支持我，讓我感到無比開心。」

鐵塔下的夢想

站上巴黎殘奧舞台，阿湯總算向身邊的支持者實踐承諾，尤其是爸爸希望她有朝一日可出戰殘奧會這種大型賽事，提到爸爸的無條件支持，阿湯不禁表示：「如今總算圓了他的心願。」

除了爸爸外，在阿湯身邊還有位默默守護 17 年的男友。這段漫長愛

香港輪椅劍擊選手湯雅婷在巴黎殘奧會女子花劍個人賽 B 級賽事中，展現享受比賽的快樂。

情絕不簡單，有時阿湯在比賽中失意，男友總會在旁講出正面鼓勵說話，讓心情下沉的她得以重拾「元氣」。阿湯甜絲絲道：「相識初時，我經常要到其他地方比賽，但男友沒有因相聚時間少而有怨言，反而自學剪片技術，替我將比賽片段剪輯，讓我知道打得好與不好地方，從而作出改善，真的要謝謝他。」這些精心剪接的畫面，記錄的不只是比賽情況，更是一份無需言說的深情。

提到男友，湯雅婷坦言另一半是她駕駛車輛時的 GPS，雖然自從駕車後自己在認路能力已進步不少，但很多時都需要男友「導航」，故兩人不單是彼此人生路上，甚至是馬路上的好拍檔。作為傷殘駕駛者，阿湯深刻體會香港無障礙設施的不足：「不論是『藍證』或『灰證』，傷殘車位經常一位難求。」她坦言，多數時候只能停在時租車位，這讓日常出行多了不少折騰。

比賽場外的挑戰賽

除了在香港的日常生活，出外比賽也難免耗上更多時間，無論從體院出發到香港國際機場，或是到達目的地機場再到住宿地點，每個點都可能需 3 至 4 個小時，雖則器材由教練及工作人員負責搬運，只是殘疾運動員坐飛機時因行動不便，不能輕易離開座位，對體力及耐性極具挑戰。尤其到歐洲比賽，十多小時的長途機，相信健全人士都會感到疲憊，故殘疾運動員出賽時也有很多不為人知的苦況。

對殘疾運動員而言，賽場外的挑戰往往始於酒店房間，酒店並不是主要為殘疾人士而設計，遇過因洗手間入口太過窄，需要勞煩酒店工作人員「拆門」，才得以順利進入，故她十分感激黃教練及工作人員背後照顧及解決很多瑣碎事，使殘疾運動員毋須為比賽以外事情費神，專心備戰。

以往，湯雅婷初接觸輪椅劍擊時，跟其他殘疾劍手一樣，添置器材上均遇到資源不足問題。「當時會向師兄及師姐回收劍擊器材，又或者向他們請教如何修理各樣器材。我初時在非政府組織（NGO）工作，雖然有些收入，但購買器材的資金有限，這些都是我剛開始時解決器材問題的方法。」起初透過鍾婉萍介紹下才對輪椅劍擊運動產生興趣，兩人認識多年，固然建立更好的默契，無論從實質的器材硬件上，或是技術提升的軟件方面，這位師姐給予阿湯很大幫助。跟其他隊友亦然，出外比賽猶如一齊生活般，加上亦有相約進餐聯誼，阿湯與隊友之間建立了良好的默契。湯雅婷與大眾一樣，閒暇時喜歡看 YouTube 短片，特別是旅遊類別，阿湯提到今次巴黎殘奧會所有比賽完成後，特意到巴黎鐵塔遊覽，始終這個極具代表法國「地標」之一，非去不可。

失去初心，很容易蒼老

至於阿湯未來目標，少不免會將心力放在今年 12 月舉行的全國第十二屆殘疾人運動會暨第九屆特殊奧林匹克運動會上，而輪椅劍擊項目中國香港有主場之利，難免有點壓力。另外，去年 11 月份時，湯雅婷於意大利世界盃女子重劍 B 級奪得金牌後，也是她個人賽首面金牌，之後連同隊友勇奪兩項團體賽金牌，連同個人賽，獨攬三金，成績驕人，而阿湯目標是在花劍個人賽也能夠摘金，使輪椅劍擊生涯上更為圓滿。

「假如有一天，我在賽場上贏得夢寐以求的勝利時，我一定留十秒多謝最初的自己，失去初心，很容易變得蒼老！」阿湯笑說。她也明白自己的性格過於百分之二百投入比賽，加上慢熱的缺點，常常讓自己陷入壓力漩渦。如今，她正學習調整心態，以「來得輕鬆，去得灑脫」（Easy come easy go）的哲學，向着職業生涯更高峰邁進。畢竟，真正的勝利不在於獎牌，而在於每一次都能比昨天的自己更進步。

無法勸退的衝勁

鍾婉萍

沒有教練的支持與指導，自己的進步是難以實現的。

歷年主要賽事成績

- 東京 2020 殘疾人奧運會 - 花劍團體第 4 名
- 2023 年 IWAS 輪椅劍擊世界錦標賽花劍團體第 4 名
- 2023 年 IWAS 輪椅劍擊世界盃 - 花劍 B 級個人賽第 3 名

香港輪椅劍擊選手鍾婉萍出戰巴黎殘奧會女子花劍個人賽 B 級賽事。

命運為鍾婉萍設下與眾不同的起跑線——天生脊柱裂，讓這位中國香港輪椅劍擊選手自幼以輪椅為伴。沒人能解釋為何人生初始便遭遇如此障礙，但現年 36 歲的她，正在劍擊場上揮灑出絢麗的生命彩虹。那份不屈的鬥志，彷彿在向世界宣告：生命的精彩，從來不由雙腿決定。

如釋重負的淚水

巴黎殘奧會女子花劍團體賽銅牌戰，鍾婉萍首次以「守尾門」身份出場。雖則團隊最後以 33:45 不敵意大利隊，未能摘下獎牌，但這位 B 級劍手為了這場爭牌戰的角色，賽前特意諮詢運動心理學家，令自己賽前不要想太多，放鬆心情，希望做到最好，為團隊出盡全力爭牌。儘管結果未如人意，面對最終未能奪獎牌結果，婉萍在完成比賽一刻流下眼淚，她的淚水卻蘊含複雜滋味，失牌未必是主要原因，但更多是如釋重負，始終已盡全力作賽，一直堅持的艱辛訓練及比賽旅程，終告一段落。

對於鍾婉萍來說，自 2016 年的巴西里約熱內盧殘疾人奧運會起，經歷了東京奧運會，直到 2024 年的巴黎賽場，她的輪椅劍擊路獲得了不少獎牌，回想當初學劍的原因，都是緣分的牽引。小時候就讀香港紅十字會雅麗珊郡主學校的婉萍，因為學校與協會有聯繫，因而認識了另一位中國香港輪椅劍擊運動員陳蕊莊，當時她希望透過參加運動，令自己人生更豐盛，而在劍擊與射擊兩項較為適合自己的項目中，最終選擇了前者。「我對於球類運動的球感很差，嘗試過硬地滾球，卻將球拋到不知哪裏，所以決定從射擊及劍擊的非球類項目抉擇，當時身邊有朋友都參加了輪椅劍擊，最後亦選了它為自己日後發展之路。」

背後的支撐

自從香港特區政府於 2017 年 12 月推出殘疾運動項目精英資助先導計劃，鍾婉萍得以有機會加入全職運動員訓練，在此之前，在輪椅劍擊選手生涯確實過得不易，因為以往資源不多，單是購置器材已是主要問題。婉萍說：「起初投入隊內訓練時，因為仍有工作在身，放工後趕去練習，

鍾婉萍在輪椅劍擊項目中進行示範。

其實也挺辛苦。至於器材方面，都需要買符合比賽規格的劍，但因價值不菲，一般都是逐把添置，甚至向師姐借劍，因為出賽時最少要有三把劍。有時也會自己修理『威吔』，甚至會製作保護衣、製作名牌，在讀書期間，由於經濟有限，就唯有想辦法以達到裝備上最好準備，後來出來工作，收入都花在添置器材上。」

鍾婉萍的劍擊路上，總有雙溫暖的手在背後支撐，鍾媽媽不僅出錢購買花劍及重劍、又幫手縫紉保護衣，可謂出心出力令女兒追夢路上得到更好條件，所以婉萍感謝媽媽這麼多年以來的照顧及養育之恩，她指出媽媽是最了解自己的親人，於其人生路上總會給予很大自由度，讓她選擇了劍擊這條路。除了母親外，職場的包容同樣關鍵。婉萍未進入全職訓練時，本身有全職工作，當年參加比賽，幸得老闆支持，批准請假參賽，同事亦願意頂替她的工作，也令其劍擊之路得到一定幫助。

競爭與感謝

在當今輪椅劍擊世界，很多國家選拔身型高大的選手，鍾婉萍面對自己身型上較為矮小的情況，這次巴黎殘奧會讓她體會到目前世界輪椅劍擊運動員水平之高，尤其韓國選手水準更出乎她意料之外，也感覺到不斷有新挑戰出現。不過，就算是先天條件上吃虧，她亦會盡全力於比賽中爭取勝利，大概這就是作為代表隊運動員必須堅持的信念。

漫長的輪椅劍擊生涯，除了獲得不少獎牌，傷患總是少不了，在出戰巴黎舞台前半年，她發現開始有嚴重網球肘，需要進行物理治療，除了影響日常生活外，當時還擔心這傷患會否影響比賽表現。至於輪椅劍擊對腰部損耗也相當大，導致對雙腳負荷更大。「以往力量來自上身，現在依賴腹部中央肌肉，這力量轉移本來是好事，但盤骨位置未及時適應支撐，現在腰部、腳亦甚酸痛，甚至壓着神經線，連睡覺也受到影響，情況反覆出現，唯有勤於物理治療，一邊練習一邊解決痛楚問題。」

在中國香港輪椅劍擊代表隊中，鍾婉萍與同是 B 級的湯雅婷是隊內互相競爭下得到進步的好隊友，有時也會一起商討如何應付對手。不過，當個人賽時就需要各自尋求方法，始終大家是同級競爭，教練甚至在兩人比賽上也要避席，讓比賽保持公平。這種良性爭逐，對大家劍擊技術及心理調整，都有很大幫助。當然，婉萍亦感謝總教練黃金球的照顧，無論比賽中的提點，或是出外比賽協助運送各式各樣器材，她明白，沒有教練的支持與指導，自己的進步是難以實現的。

劍手的雙重享受

鍾婉萍形容今次出戰巴黎的心情比起以往兩屆殘奧會不同，這次她享受比賽，抱着輕鬆心態參賽，縱然個人賽及團體賽均無緣獎牌，但相信她心態上的轉變，對日後參加其他賽事更有得着。婉萍對法國支持者對國家劍手的打氣活動感到有趣：「觀眾會製作運動員頭像紙板入場打氣，起初以為是出名的運動員才有，但原來所有法國運動員都有其打氣頭像紙板，確實頗特別。」

然而，相比起巴黎，婉萍更喜愛 2021 年東京殘奧會，這緣於她對日本動漫的熱愛，故對東京之旅充滿期盼。婉萍鍾愛日本動漫的想法天馬行空：《One Piece 航海王》的冒險精神、《鬼滅之刃》的堅持不懈及《我推的孩子》的追逐夢想，都讓她產生共鳴。除了日本動漫，婉萍於不用訓練的時喜歡跟朋友玩策略性較高的桌上遊戲（Board Game），能夠在辛苦練習中，放鬆一下心情及鍛鍊頭腦。

36 歲的婉萍正為運動生涯與退役生活編織藍圖，她計劃修讀網頁設計碩士課程，擁抱 AI 與大數據浪潮。回首起點，鍾婉萍曾在大學時期，參加第一次輪椅劍擊比賽落敗後，因其身體條件欠理想被教練勸退，但矮小的婉萍正是懷着不放棄態度，盼有朝一日踏上世界舞台比賽，最終圓夢，在劍擊場上畫出生命的彩虹，印證了殘疾運動員堅強的心境。婉萍的輪椅劍擊運動員生涯中絕對不是一帆風順，惟從緊張、質疑，甚至挫敗中找回自己優點，這才是她輪椅劍擊歲月中的課題。

鍾婉萍在巴黎 2024 殘疾人奧運會中觀看對手比賽。

第 4 章

心弦之箭

射箭

射箭

殘疾人射箭與殘奧運動史緊密相連。它最初是由 1940 年古特曼醫生在斯托克・曼德維爾醫院為傷殘退伍軍人提供的一種復康活動。1948 年，古特曼醫生在醫院舉辦了第一屆供患者參加的射箭比賽，1952 年比賽成為國際賽事。射箭運動自 1960 年首屆殘奧會在羅馬舉行時就已經列入比賽項目，並一直保留至今。中國香港運動員危家銓獲得 2024 年巴黎殘疾人奧運會參賽資格。

級別鑑定

W1：適用於使用輪椅的運動員，其手臂肌肉力量、協調能力或活動範圍有所減弱。運動員可以使用拉力不超過 45 磅且不帶放大瞄準鏡的弓。

公開級：該級別的射箭運動員可以使用輪椅、站立或倚靠在凳子上進行比賽。他們的軀幹和四肢的活動能力極為有限，但手臂功能正常，或有平衡問題。包括截癱、四肢癱瘓及同等情況，截肢及同等情況 = 腦性麻痺及同等情況。

分級說明

1 或公開級（W1 為最嚴重的殘疾）

數字

1 或公開級（W1 為最嚴重的殘疾）

比賽規則

比賽包括排名賽，射箭運動員在距離 50 米或 70 米的範圍內射出 72 支箭（12 輪，每輪 6 支箭）。每位運動員有四分鐘的時間射完六支箭。在排名賽之後，運動員在淘汰賽中進行一對一的比賽，淘汰賽由五輪組成，每輪使用三支箭。肢體殘障的男性和女性可以站立或使用輪椅參賽。比賽項目包括反曲弓和複合弓，以及混合團體賽。

箭心之境

馬再創 總教練

命運的弓弦，將馬再創從射箭紀錄保持者拉向教練之路。這位中國香港殘疾人射箭隊總教練，曾以選手身份征戰 2006 年多哈亞運會，更一度是香港紀錄保持者。而人生的轉折，始於在獅子山射箭場與前射箭運動員黎德輝的相遇 —— 那場不經意的指導，竟成了他執教生涯的第一支箭，從此再創人生新局。

肌力、營養與心理的黃金三角

2002 年，在當時亦身兼香港射箭運動員及教練的黎德輝引薦下，馬再創加入了中國香港傷殘人士體育協會任職教練，由於馬教練當時仍是運動員身份，故起初只能當兼職教練。去年巴黎殘疾人奧運會，作為總教練的馬再創，帶領着危家銓出戰男子個人複合弓公開組比賽，雖然危家銓於 32 強不敵 2012 年倫敦殘奧會金牌得主芬蘭選手霍斯貝治，但馬教練認為家銓在比賽過程中個人能力提升不少，但另一方面，體能上要應付像殘奧會這樣的大型賽事，家銓仍有進步空間，尤其是下肢支撐力及肌耐力更需有所提升。

與危家銓合作多年，馬再創教練認為這位運動員最大的挑戰不在弓弦，而在心弦。觀眾看到射箭運動員拉弓發箭的「有型」，卻看不到箭手內心「無型」的掙扎。要沒有雜念，全心全意做到「一箭入魂」，心理質素上的訓練必須要足夠。馬教練解釋射箭運動員有時會因為比賽愈久，便會心情愈急，不論健全或殘疾運動員，都會遇到相同情況，危家銓也曾遇上這樣問題，故在出席巴黎舞台之前，安排了家銓諮詢香港體育學院的運動心理專家，盼到正式比賽時，每一箭均可在最冷靜的心境下完成。另外，馬再創教練觀察到危家銓體能

歷年主要賽事

杭州 2022 亞洲殘疾人運動會

2023 年澳洲殘疾人射箭錦標賽

比爾森 2023 世界殘疾人射箭錦標賽

運動員最大的挑戰不在弓弦，而在心弦。

方面未足以應付大型賽事，故安排家銓在香港體育學院進行心肺檢查，希望當中找出原因所在。

馬教練指出，射箭運動員最重要的，除了冷靜頭腦及準繩眼界外，肌耐力同樣不可缺少。肌肉在比賽過程中，如何支撐運動員穩定地發出每一支箭，也很講究。因此，巴黎之旅前，除了協助危家銓的提升體能外，他也找來營養師，幫助運動員從食物中獲取增長肌肉的效果，為賽事做好準備。當然，射箭運動員成績好與壞，也與當天的精神健康情況密切相關。「家銓以往出外比賽，經常出現無法入睡問題，但今次巴黎殘奧會賽事，他已經沒有這種睡眠不足的情況，證明他在心理調整上有很大進步。有了足夠休息，頭腦清醒下作賽，專注於出箭的能力也提升了很多。」

心理訓練法

備戰巴黎殘奧會的過程中，馬再創教練會強調運動員在整個出箭動作的完整性，以今次危家銓為例，訓練時將整個出箭動作完整度定在一個合理而適當的時間，但到正式比賽時，家銓卻用上較長時間。「或者家銓在比賽期間，很希望每一次出箭都瞄準十分的位置，變成了出箭時間與訓練時有差別，他相信自己的判斷，或者追求每一支箭更完美，所以導致有這個時間上分別。其實，射箭運動是講求完整性，而不是完美，因為追求後者有時在比賽中帶來不必要壓力。」

出戰巴黎時，馬再創教練指出今次行程起初也有小意外，就是首晚的住宿地方發生水浸情況，幸好有中國香港殘疾人奧委會秘書處的幫忙，最後得以解決，令教練及運動員可以專心應付比賽。作為一位

訓練時七分技術、三分心理；比賽時卻要七分心理、三分技術。

殘疾射箭運動員教練，馬再創總教練並非只有「口講」戰術，也需要「勞動」一面。「其實每次同家銓出外參加一些熱身賽及正式比賽，都需協助他搬運器材，還有他的行李，要知道弓箭裝備也不輕，所以每次比賽完畢回到香港，自己也要進行物理治療治理肩膊傷患。不過，今次巴黎殘奧會，中國香港殘奧會秘書處也派了職員協助搬運裝備，以及交通上等準備安排上做得很好，使這次出賽得以順利完成。」

師徒之情

提到與危家銓的射箭師徒之情，馬再創教練認為兩人關係亦師亦友，在射箭這個項目中，作為曾經的運動員，他在技術和比賽經驗上提供了許多意見和指導。他透露家銓爭勝心很強，亦是一個不怕辛苦的硬漢子，有時鬥心太強，帶點倔強，就算受了傷亦照常訓練，故馬教練盼家銓日後更能聽從別人的意見。而在家銓遇上問題時，馬教練會先多方了解情況，然後用較婉轉方式向其講解當中的得失。

馬教練指出，危家銓是一位很勤力的運動員，為了今次巴黎之旅，他全心投入訓練，甚至是百分之二百的努力，但亦因為家銓過於追求提升，就算出現勞損情況，依然強行練習，反而會帶來負面效果。他強調「功欲善其事，必先利其器」，射箭運動最終還是講求器材上的準備，馬教練亦會協助運動員在購買弓箭器材上，向協會申請資助，像危家銓現時使用的弓具也要萬多兩萬元，每打箭也需要五、六千元，單靠運動員出資是無法負擔的。有時，運動員也有來自家庭方面的壓力，馬再創教練也要了解運動員這方面的需要，所以教練與運動員之間，其實也建於一種互相信任基礎上。

當然，運動員生涯過程中，經濟問題也不能忽視，像危家銓為了出戰巴黎，放棄原本月薪數萬元的工作，全程投入訓練，馬教練希望特區政府日後在運動員資助上，可以提供更多，而運動員生涯後的就業援助方面，也需得以加強。「若然運動員能獲得更多資助，那在項目發展上必然

馬教練與危家銓出席授旗典禮。

更為專注，而後運動員的持續生涯規劃，像傷殘人士射箭手，參加教練培訓班，轉型成為教練，更可幫助這個運動的日後發展。」

未來之箭

以往，馬再創教練作為運動員時，也在獅子山射箭場訓練，而香港亦有另一射箭訓練場地，位於元朗天水圍的藍新福射箭場，而據教練所提到，協會亦向特區政府申請了資助，在西貢興建了一個專屬射箭訓練場，訓練場的射箭距離為 50 米，正好複合弓比賽的規定的射箭距離為 50 米，所以西貢能作為長期訓練基地；但另一弓種反曲弓，由於射程為 70 米，故此不能以西貢作為訓練基地。馬教練盼日後特區政府提供更多資源，為運動員提供更多合適場地，協助射箭項目發展。

馬再創教練以「70-30 法則」詮釋射箭的雙重本質：「訓練時七分技術、三分心理；比賽時卻要七分心理、三分技術。」他希望中國香港殘疾人射箭代表，日後更能着重訓練心理方面，以在這個千鈞一髮的運動項目上，有更大成就，尤其是危家銓，馬教練認為他今後尚有更多發展空間，透過更多心理訓練，了解心理變化，強化比賽心理質素，以幫助其在殘疾人射箭運動上有更好的發揮。

香港殘疾人射箭選手危家銓出戰男子個人賽複合弓公開組 ST 企立級，在寒冷風雨中進行 1/16 淘汰賽事。

踏上人生新軌跡

危家銓

感謝兩位教練的教導，令我知道甚麼是奮鬥，不論是言教身教，都使我明白到運動員路上，甚至生活上堅持的重要性。

歷年主要賽事成績

東京 2020 殘疾人奧運會 - 個人 17 名次

2023 澳洲殘疾人射箭錦標賽 - 個人 3 名次

2023 世界展能運動會 - 個人 2 名次

32 位世界最頂尖的男子射箭運動員共同參與競技，爭奪最好的排位後進行淘汰賽事。

「無論起點如何，都要堅持追尋自己的夢想」香港殘疾人射箭選手危家銓這句話如離弦之箭，直擊心底。就像射箭運動的本質 —— 冷靜瞄準，果斷放箭。每一支離弦的箭，無論命中何方，都無法收回；而每一次重新拉弓，都是嶄新的起點。人生亦如是，只要堅持自己認定的方向，便是最美的軌跡。

生命的轉折

現年 53 歲的危家銓，於 27 歲時因一次意外，在九龍塘港鐵站被患有精神病的男子推下路軌，當時右腳被列車輾過，因而需要截肢，從此開始了配戴義肢的生活。對於當時喜歡組隊打棒球的他，難以再參與激烈的球類運動，生活節奏從此由快變慢，但他沒有因此放棄運動興趣。在 2008 年，家銓觀賞了北京奧運射箭比賽，從而對這項運動產生濃厚興趣，自此尋找學習的途徑，並開始訓練射箭運動之旅。家銓認為殘疾人射箭運動帶給他很多快樂，或者就是因為每發出一支箭時，「嗖」一聲擊中箭靶中心，令他覺得很有成功感及滿足感，而射箭項目講求的是集中力及專注力，腳部截肢缺陷相對影響較少。或者，具備運動天賦也是家銓迅速在這個項目崛起的原因，殘疾人射箭項目分為新秀、初級、中級及高級，家銓不需要一年時間已達到高級程度，命運促使他走上這條殘疾人箭手之路。

危家銓回想起去年出戰巴黎殘疾人奧運會，在男子個人複合弓公開組個人賽 ST 級別，最終以個人賽排名 17 止步，成績並非自己所預期，但他享受比賽的過程，而且有同樣喜愛射箭運動的日籍太太敦子在現場為他打氣，可說是一次充滿愛的旅程。「我曾經向太太承諾，會帶她到殘奧會看我比賽，2021 年東京殘奧會正值疫情關係，最終未能成行，今次終於可以實現她的夢想。在淘汰賽時，我行出比賽舞台已經見到太太在觀眾席上揮動着中國香港特區區旗，當時自己有着強烈感覺，要在比賽中表現得最好，希望大家有個美好回憶，那一刻我真的感受到愛的存在。」

提到射箭運動，箭手很多時都會受到天氣環境影響發揮，氣溫、風速、陽光，甚至場地的方向也成為影響賽果的因素。「有時比賽場地向着東面，日晝作賽時太陽從東邊升起就會很刺眼，同時空氣中濕度亦都會對發出的弓箭有影響。正如今次出戰巴黎淘汰賽，比賽中突然下雨，因氣溫驟降，肌肉也僵硬起來，手指發顫，真是一次重大考驗，當時沒想到甚麼，只是咬緊牙關繼續比賽，因為芬蘭對手也遇上相同天氣情況，所以我覺得也是公平競技。」

身心靈的長期抗戰

看似靜止的射箭運動，實則需要驚人體能。危家銓指出，為了備戰巴黎殘奧會，訓練可謂非常密集，一星期高強度訓練六日，朝九晚五。作為箭手，最重要是肌肉穩定性和耐力，才能發揮射出精準的箭打中目標。「最記得備戰殘奧會前，各種高強度訓練下，我感到身體已經不屬於自己般，實在太累了，肌肉痠痛，連起牀也有千斤重的感覺。教練當時對我說，要完全忘記這種身體痛楚，不然怎能在大賽中爭取好成績？」相信家銓在比賽背後的艱辛訓練日子，對意志能力鍛鍊，實非外人所了解。

截肢處的神經痛，是危家銓無法擺脫的陰影。危家銓的肢截位置不時都會出現無預警的痛楚，短則兩、三秒便散去，長則達四十八小時，需要打針來舒緩，醫生曾診斷這是無法治癒的，而家銓並不想倚賴食止痛藥這種治標不治本方法解決，這種不能預知的痛苦，將會一直存在。

身體上的疼痛，可以靠打針食藥即時舒緩，但作為射箭運動員，家銓也經歷過內心的掙扎。在比賽中，運動員往往面對孤獨的感覺，尤其是射箭運動屬於個人項目。家銓出戰巴黎前，亦有尋求香港體育學院的運動心理學家幫助，他表示：「儘管我付出了很多努力訓練，但比賽的效果並未如預期，訓練效果成績似乎停滯不前。即使身邊的教練也明白這情況，但未必能完全理解我內心的無助感。」經過運動心理學家講解後，令家銓得以意志堅定下來，許多雜念隨之消散，讓他能夠繼續朝着目標邁進。

箭道中的情誼

「一分耕耘、一分收穫的道理，套用在運動員身上似乎並不成立」。危家銓以登山比喻：「我反而會用爬山道理來形容運動員生涯，在山腳行初階段可能需要的時間不太多，但當愈到頂端便愈難行，你要付出更多努力，才會有一絲突破。當你在運動方面有點成績了，要是想再進一步、追求更好的表現，那需要的努力和訓練技巧，肯定要比之前多好幾倍，這樣才可能看到一點點進步。這就是當運動員的難處。」

走過傷痛與孤獨，前方不只是箭靶，

台上一分鐘，台下十年功。這正正是危家銓在射箭運動的歷程，在 2024 年巴黎殘奧會射箭比賽，每一箭背後都留下不少汗水和辛酸。雖比賽結果並非預期，但他無愧於心，因為每一箭都是盡自己最大努力去完成。

出外比賽征戰多年，他收穫了比獎牌更珍貴的禮物 —— 世界各地同樣有肢體缺陷的戰友。「比賽後，我也會相約各國箭手出來吃飯相聚，因為大家參加比賽多了，彼此之間友誼從中累積。像今次巴黎之旅，32 位選手互相尊重，我特別跟中國、美國、日本、印尼、斯洛文尼亞選手熟絡，大家都有短訊溝通，甚至彼此送禮物，完全體現殘奧精神，友誼第一。」

射箭運動帶給危家銓的，不單是射箭中所講求的「一箭入魂」技術，更是令他從中認識自我。當然，兩位教練李嘉威及

馬再創的指導，家銓定言會銘記於心。他與兩位教練關係密切，他們的協助不單是射箭技術，器材準備、出外比賽食物方面等，甚至心理層面也要全面照顧到，在家銓心目中兩位都是非常稱職教練。「感謝兩位教練的教導，令我知道甚麼是奮鬥，不論是言教身教，都使我明白到運動員路上，甚至生活上堅持的重要性，敢於面對挑戰，克服困難。雖然他們常說獎牌並非唯一成功標準，但我希望將來可以用成績來回報他們，我很珍惜這份師徒之情。」

從選手到教練的殘奧會夢

當代體育科技正重塑殘疾人射箭格局，現今運用在體育上的科技愈來愈先進，家銓認為各國選手之間水平可謂再度提升，尤其出戰殘奧會的箭手，配上的「利弓」更現代化，因為弓箭製造技術發展，絕對有助提升箭手發箭穩定性，形成了整個殘疾人射箭界競爭激烈，水平甚至跟健全運動員非常接近。正如今次巴黎殘奧會一樣，家銓極希望爭取參加 2028 年美國洛杉磯殘奧會的資格，在此之前，尚有今年底的全國第十二屆殘疾人運動會暨第九屆特殊奧林匹克運動會，以及 2026 年日本名古屋亞洲殘疾人運動會，這些都是他爭取獎牌目標賽事。

危家銓已獲認可射箭教練牌照資格，他希望將多年來參加射箭比賽經驗，傳承下去，以繼續走在殘疾人射箭運動旅程上，縱使這一刻他的目標依然是出戰三年後的 2028 年美國洛杉磯殘奧會。「當我有一日在射箭項目上有了不同道路，仍然希望可為這個項運動出一點力，全力向奧運夢進發後，也盼有朝一日可在教練之路做點事。」

「享受、專注、平靜」是危家銓多年來的殘疾人射箭運動員生涯當中領略到最重要的三點，正如他最難忘的一次比賽，2019 年的泰國亞洲錦標賽裏的 2021 年東京殘奧會資格賽，第五局拉弓發射出完美三個 10 分命中，最後奇蹟地反勝印尼選手，取得殘奧會參賽席位，他形容當時如進入忘我境界。弓箭手就是這樣平靜地專注比賽，當成功一刻來臨，就應享受最後榮耀時刻，相信有「生命鬥士」之稱的家銓，第三度踏上殘奧會舞台夢想，必定可實現。

第5章

跑道之外

田徑

田徑

殘疾人田徑對所有肢體、視力和智力殘疾運動員按級別鑑定分類開放。從每屆殘奧會的大量田徑比賽項目就可以看出其重要性。以 100 米比賽為例：上一屆 2021 年東京殘奧會有 29 個 100 米比賽（男子 16 個，女子 13 個）。輪椅田徑運動始於 1952 年，當時一些脊髓損傷的運動員參加了斯托克・曼德維爾運動會的標槍比賽。田徑是首批被納入 1960 年羅馬殘奧會的八項運動之一，包括各種跑道比賽、跳躍比賽、投擲比賽以及最重要的公路比賽：馬拉松。中國香港運動員任國芬獲得 2024 年巴黎殘疾人奧運會參賽資格。

級別鑑定

所有類型的殘疾都可以參加田徑比賽。脊髓性麻痺、四肢癱瘓、截肢及其等同症狀、視力障礙、腦癱、智力障礙、短肢。

等級劃分

字母：T（=Track 徑賽）或者
F（=Field 田賽）

數字編號

第一部分（十位數）：1= 視力障礙，2= 智力障礙，3= 協調障礙（站立或坐着），4= 短肢、截肢或肢體缺失，5= 輪椅（競速或投擲），6= 使用下肢假肢參賽。

比賽規則

根據殘疾的種類，運動員可以使用輪椅（三輪）、假肢或投擲座椅進行比賽。根據他們的殘疾程度，視力受損的運動員可以配備領跑員，或在投擲和跳躍項目中獲得教練的指導。然而，並非所有的殘疾種類都有資格參加所有的比賽項目。

推動傷健共融

葉頌華 總教練

昔日在香港體育學院的跑道上揮灑汗水，葉頌華如今以中國香港殘疾人田徑隊總教練的身份，繼續在田徑場邊寫下他的故事。他帶領着一群不屈不撓的運動員，不僅在賽道上奮力拼搏、挑戰極限，更致力於讓每一名殘疾運動員在自己的領域中閃耀光芒。對他而言，勝負之外，更重要的是讓這些運動員的努力被世界看見，令殘疾運動員獲得應有的歡呼聲、支持及尊重。

起跑線上的相遇

長達 24 年的田徑訓練工作中，葉頌華與傷殘運動員的緣分，始於中大體育系夏秀禎教練的邀請，當時仍是輪椅組教練的夏教練，經常看到葉頌華到體院訓練，便主動詢問他有沒有興趣執教香港殘疾人田徑隊，二人一拍即合，葉教練於 2000 年成為香港殘疾人田徑隊其中一位教練。起初只是助教身份，陪練工作，慢慢晉升成為主教練，至今已經有九年時間。面對一班殘疾運動員，葉教練自言也被他們的熱誠所影響，雖然起初訓練殘疾運動員上遇到不少困難，要得到運動員的信任也不容易，但經過年月的經驗增長，開始掌握到重點，最終幫助運動員於田徑場上發光發熱。

去年的巴黎殘疾人奧運會，葉頌華帶領着隊員任國芬出戰女子 100 米及 200 米 T36 級比賽，為了參加這次殘奧會，葉教練安排的前期工作相當密集。「我們半年前已開始針對訓練，早晚練習，亦需要控制運動員的作息時間，避免過分操勞。」談及愛徒任國芬，葉教練眼中滿是欣慰：「任國芬在訓練上不會對我說不，她是一位勤奮的運動員，所以我對她是百分之百的信任。」

歷年主要賽事

里約 2016 殘疾人奧運會

杭州 2022 亞洲殘疾人運動會

2024 年神戶殘疾人田徑世界錦標賽

致力於讓每一名運動員在自己的領域中閃耀光芒。

跨界教學相長

身兼教師與教練雙重身份的葉頌華，差不多每日完成教師職責後，便從屯門趕到沙田，到香港體育學院開始忙碌一天工作的下半場，正因為教師身份，葉教練想再發揮任國芬的潛能，便安排她與學校的學生一同訓練，帶來一點競爭性，從而培養出拼搏心態。「任國芬原本性格較為內斂，但與我的一班學生共同訓練後，她的心態有明顯轉變，在良好競爭性氣氛中成長，對她的心理上出戰巴黎殘奧會有一定幫助，而我的一班學生亦因為國芬堅毅精神感染下，整體氛圍變得更加積極，而國芬也擴闊了自己的生活圈子，感受到身邊很多人支持她出戰殘奧會。」

在備戰巴黎殘奧會期間，任國芬透過與學生們的互動，收穫了超乎預期的支持力量。葉教練回憶道：「那些來自社交平台和群組的暖心留言，成為國芬征戰賽場的重要動力。她比以往更渴望用成績證明自己。」然而，葉教練指出任國芬也給予自己頗大壓力，很想取得好成績，因為某程度上成績與殘疾運動員的資助掛鈎，成績愈好才得到更多資助，運動員生涯才得以延續下去。來到殘奧會舞台，其他國家選手實力均處高水平，任國芬經過巴黎洗禮後，對自己日常訓練要求再提高，投入大量時間精進技術，誓要在日後賽事爭取好成績。

巴黎殘奧會的田徑項目安排於法蘭西運動場舉行，場館的設計採用了不常見的紫色作為主色調，可給予運動員一種新鮮感，尤其任國芬特別鍾情紫色，出賽時意外地有推動力。「我感到今次巴黎現場氣氛確實一流，接近五萬人的場館，幾乎每日都坐滿觀眾。當然，亦有不少香港人、朋友特意前來支持我們，使運動員及團隊多了一份親切感。」對於現時的香港殘疾運動發展，葉頌華坦言社會大眾認受性比起以往多了不少，這是以往沒有的，也相對令香港市民更關注殘疾運動員的發展及成績，這絕對是好事，而身為殘疾運動員教練的葉頌華亦樂見到這種轉變。

「一視同仁」的執教哲學

在訓練殘疾田徑選手的路途上，葉頌華明白到必須抱持跟訓練健全運動員一樣的心態，亦是對殘疾選手的一份尊重，始終殘疾運動員有着與健全人一樣的投入感，甚至在練習心態上更賣力。不同的是，葉教練在設計訓練方法上會因應各人之長短，作出調整。「例如我設計了一些訓練動作，若殘疾運動員做了十次仍做不到，他們會努力做到五十次，以達到理想效果為止，這展現了他們的奮鬥心，我對他們也有要求，這是彼此的尊重，不會標籤任何人，我覺得自己有責任將這種訊息帶到社會各界，不希望殘疾運動員被大眾貶低。」這種堅持，背後是更深層的社會使命：「例如國芬，她語言表達能力方面遇上不少困難，但運動員退役之時，她亦要到社會工作，所以我要盡自己能力，傳遞殘疾人士的優勢與潛力，讓更多人了解他們的價值。」

隨着殘疾運動在全球蓬勃發展，葉頌華認為近年多了不少發展中國家選手嶄露頭角，令競爭更為激烈，而作為任國芬的主帥，葉教練指現時有很多新式訓練器材，可令運動員更仔細練習不同部位，體能調校也有幫助，以任國芬為例，以前不少協調及伸展動作都做不到，現在可透過器材讓她在這兩方面得以提升。國芬亦有香港體育學院的營養師跟進，務求在運動科學上，使運動員提升步伐快一點，這也是世界各地運動發展的大趨勢。

飯桌上的生命教育

多年來，葉頌華每天早上到學校任教，放學就趕往香港體育學院培訓殘疾田徑選手，時間永遠像不夠用，所以他亦感謝家人背後支持。「由早到晚的工作，的確陪伴家人時間少了，但同時我的太太及家中八歲小朋友，也被殘疾運動員的正面態度及樂觀性格感動。」葉頌華補充道，運動員會到訪他家：「運動員有時也會到家中探望我，甚至飯敘，所以家人與他們也相當熟悉，彼此了解。當然，我亦要多謝帶我出身的三位教練，包括潘健侶在內，沒有他們當初的信任，便不會有今天的發展。」

教練要得到殘疾運動員的信任，時間是最好證明，葉頌華與任國芬從里約 2016 殘奧會開始合作，當中經過東京及巴黎殘奧會，彼此都有着一定默契，國芬甚至希望為葉教練圓夢，帶給他獎牌成就，反映彼此間師徒感情深厚。「我從任國芬身上已獲得很多，她也傳遞了不少正能量給我的學生，我明白到她希望在我的執教生涯

葉頌華教練（右）與任國芬（左）出席巴黎 2024 殘疾人奧運會中國香港代表隊授旗典禮。

要實現真正的傷健共融，社會需要更多人以行動支持。

中，甚至退役前，能夠贏得女飛人名銜，達到像蘇樺偉一樣般的成就，故國芬在這層面上給予自己不少壓力。」他語重深長地強調：「但我想告訴她，每個人都是獨特的，不必和別人比較，只要做好自己就足夠。」

拆除無形的圍牆

巴黎殘奧會落幕後，葉頌華與中國香港殘疾人田徑隊並未停下腳步。短暫休整後，團隊立即投入檢討與訓練，全力備戰今年底的全國第十二屆殘疾人運動會暨第九屆特殊奧林匹克運動會，以及 2026 日本名古屋亞殘運會。「縱使其他地區的殘疾田徑選手水平提高不少，但我相信任國芬有實力帶領起整個團隊爭取獎牌。」

從精英運動員轉型為總教練之路，葉頌華也將殘疾運動員的奮鬥基因，帶回到社區及學校，令到他的一班學生也沒有藉口不投入練習，而殘疾運動員也因為與健全學生一齊訓練，心境也更開朗，相輔相承，也是葉頌華抱着一視同仁的執教理念，得以一直走到今天的成功。葉頌華相信，要實現真正的傷健共融，社會需要更多人以行動支持。大概社會上需要更多像葉頌華這類有心人，令這幅「圍牆」徹底拆下，以達到社會雙贏局面。

任國芬
HONG KONG
CHINA
Allianz
YAM
PARIS 2024

奔跑的勇者

每個人有自己長處與特色，所以我不刻意學別人，跟着別人的路走，做好自己才是最重要。

歷年主要賽事成績

雅加達 2018 亞洲殘疾人運動會 - T36 級 200 米銅牌

杭州 2022 亞洲殘疾人運動會 - 女子 T36 級 100 米 銅牌

2024 年神戶殘疾人田徑世界錦標賽 - 女子 T36 級 200 米 第五名

香港痙攣短跑選手任國芬在巴黎殘奧會女子 200 米初賽中奮力衝刺，克服身體限制展現驚人爆發力。

現年 27 歲的任國芬出戰過三屆殘疾人奧運會，這位短跑選手一直抱着永不放棄的精神，用每一次起跑與衝刺，向世界證明：即使身為痙攣選手，依然能在百米賽道上御風而行。她的腳步或許不如常人流暢，但那份永不放棄的執著，卻讓每個見證她奔跑的人明白 —— 真正的速度，來自於超越自我的決心。

初露天賦

任國芬出世後因發高燒引發痙攣，其後入讀特殊學校。2007 年，她在一次學校運動會上展現出她的跑步天賦，引起教練注意，隨後，她於翌年加入訓練班，並於 2009 年正式成為中國香港殘疾人田徑隊成員。去年出戰巴黎殘奧會，任國芬於女子 100 米及 200 米 T36 級出賽，她坦言兩個比賽成績未算是最理想，賽前希望有機會達到 PB（個人最佳時間）界線，最終 200 米跑出 33 秒 16，而 100 米造出的成績為 15 秒 62，小組取得第 5 名，未能晉級決賽。不過，能夠三次參加殘奧會，國芬稱已是意料之外，因為積分成績只接近參加殘奧會標準，最後如願參賽，全靠在世界賽等各項分站達標。

任國芬出席巴黎 2024 殘疾人奧運會中國香港代表隊授旗典禮。

對田徑運動員而言，無論烈日暴雨，跑道上的堅持從未停歇。任國芬身為痙攣跑手，在肌肉控制上的先天限制，讓她的跑姿調整比常人更為艱難。「自己的爆發力及耐力都有所不足，故體能訓練是必須，尤其是一些長距離訓練，對我來說頗辛苦，而當中沒太多人可以分擔，唯有練習完畢後向隊友、朋友傾訴，甚至飯敘，作為減壓方法。」

自嘲是「緊張大師」的任國芬，準備比賽前夕時便會緊張起來，所以她的師兄、師姐都會授予「錦囊」，提醒她訓練時要認真，但到真正跑比賽時就盡量放鬆心情，發揮會更好。國芬每次出賽前，都有自己一套備戰方法，以減少緊張情緒，她熱身時會聽歌，先聽一些節奏較慢的歌曲，再逐步聽一些節奏強勁的歌曲，讓自己慢慢進入狀態，她亦有一個習慣，是比賽前保持沉默，目的是要更專心於比賽，以達到最理想成績。

賽道上的紫色彩虹

2024 年巴黎殘奧會上，最讓任國芬驚喜的，是法蘭西體育場那條獨特的紫色跑道。她興奮地說：「以往經歷過的比賽場地，跑道顏色有綠色、藍色、紅色，但今次巴黎賽場鋪上紫色，真的第一次遇見。」這抹心愛的色彩，不僅帶來新鮮感，更讓她由心享受比賽。而令她感動的，是今次巴

真正的速度，來自於超越自我的決心。

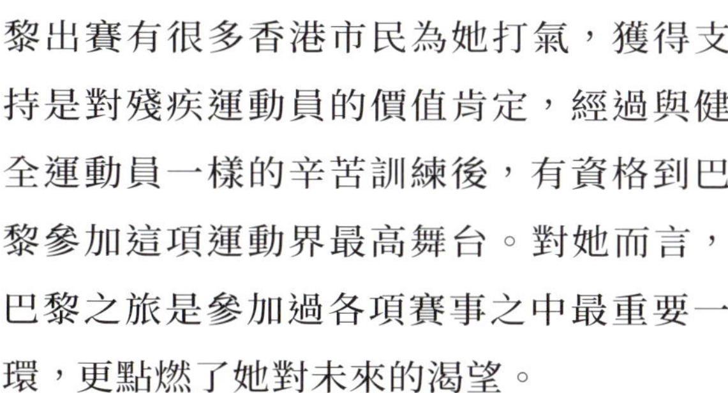

黎出賽有很多香港市民為她打氣，獲得支持是對殘疾運動員的價值肯定，經過與健全運動員一樣的辛苦訓練後，有資格到巴黎參加這項運動界最高舞台。對她而言，巴黎之旅是參加過各項賽事之中最重要一環，更點燃了她對未來的渴望。

卸下運動員的戰袍，任國芬和許多女孩一樣，有着可愛的追星日常。她喜歡聽周杰倫的歌曲，尤其對《等你下課》一曲有很深印象，而日本卡通角色 Little Twin Stars「雙星仙子」是她的最愛。「自小已經鍾意這個卡通角色，它們給予我一種代表自由、奔放感覺，所以家中亦收藏不少 Little Twin Stars 的物品。」這些小物不僅是童心未泯的證明，更是支撐她渡過艱苦訓練的可愛夥伴。

亦師亦友

2008 年至今，余春麗始終是任國芬田徑路上最重要的夥伴。曾經贏得印尼雅加達亞洲殘疾人運動會女子 T36 級 100 米銀牌的余春麗，不僅是國芬追隨的目標，更是亦師亦友的存在。「余春麗是我的奮鬥目標，她的比賽經驗豐富，而且成績驕人，經常對我說要做好基本動作，打好底，她既是我師姐，亦是好朋友，我們經常相約到餐廳吃飯，互相傾談扮靚心得。不過，我認為每個人有自己長處與特色，所以我不刻意學別人，跟着別人的路走，做好自己才是最重要。」

在任國芬眼中，教練葉頌華對她的照顧，猶如父親般無微不至。在訓練場上，如表現不理想會被罵，相對地如果做得好時，葉教練會給予國芬鼓勵。除了訓練外，葉教練在比賽以外一些細節同樣照顧到國芬，例如參加賽事需填英文表格，葉教練都會出手幫忙，看似微不足道的事情，其實這些也是比賽的一部分。「有時教練會用激將法，希望我比賽時如訓練般一樣做到，就是出賽時放鬆心情，才做出好成績來。」

生活的障礙賽

任國芬基於語言表達的障礙，經常不敢與陌生人交談，因一開口緊張情緒便會湧上心頭，這給她的生活帶來了困難。此外，由於手腳肌肉協調性較差，故她到餐廳用膳時無法拿飲品或者流質食物，尤其是熱水，因為手震情況無法避免，容易倒瀉。面對這些挑戰，國芬並沒有怨天尤人，而是以積極正面態度過日子，縱使生活上曾遇上其他人的「標籤」眼光，國芬自言不會介懷，稱不需理會這些目光，做好自己就足夠了。

正是這種正面態度，任國芬即使是殘疾運動員，依然向着心中目標進發，她認為未知的事毋須想得太多，當下最重要是開心過日子，努力做好每個階段應要做的事情。事實上，葉頌華教練在國芬完成巴黎比賽後，也大讚她出戰 100 米時頭段發揮有驚喜，只要在今後訓練中提升耐力及體能，成績上仍有進步空間。

除了巴黎殘奧會，2023 年中國杭州亞洲殘疾人運動會對任國芬來說，也是一次豐收的參賽經驗，縱使在 T36 級 200 米中，因踩到內線被取消資格，但之後在 100 米，以 15 秒 47 第三名衝過終點，獲得一面銅牌，她稱 200 米的失誤經驗很重要。「在 200 米因為踩線導致失敗，但當中汲取寶貴的經驗，令我在 100 米上取得佳績，還打破了大師姐余春麗所保持的香港紀錄。」2021 年東京殘奧會，任國芬與游泳選手許家俊擔任中國香港代表團的開幕禮持旗手，國芬仍然對於 4 年前的東京之行擔任代表團持旗手的身份，感到十分榮幸，雖然回想起當時因為疫情關係，沒有現場觀眾，但那份光榮感依然存在。當然，相比起去年巴黎殘奧會，國芬繼 2016 年巴西里約熱內盧殘奧會後，再次感受到殘奧會中現場觀眾的歡呼聲。

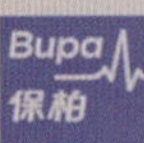

不論於田徑場跑道上，抑或人生路，努力地衝破每個難關，跑出屬於自己的彩虹。

給後來者的接力棒

對於有志加入殘疾人田徑項目的後來者，任國芬認為首要條件是不要怕辛苦。「田徑運動訓練很辛苦，很多時間都在室外練習，無論天晴或下雨、夏日炎炎或冬季寒冷，都要照常訓練，所以想加入這個運動的傷健人士，必須不怕艱辛中奮鬥。」這種堅持與毅力是成功的關鍵，任國芬希望更多人能夠勇敢追尋自己的運動夢想。

任國芬的短跑生涯編寫了神奇之路，很多香港市民認識殘疾人田徑項目，源自於「神奇小子」蘇樺偉所創造的輝煌成績。對國芬來說，她付出的努力，絕對不亞於師兄師姐。即使在比賽中落後，她依然大步大步追上對手，以耐力後來居上，這種天賦，並沒有因身體缺陷而被掩蓋。正如葉頌華教練所言，國芬的毅力，甚至乎已超出了殘疾人田徑運動員應有水平。面對上天的考驗，國芬的積極面對人生態度，值得香港市民給予更多支持，使其不論於田徑場跑道上，抑或人生路，努力地衝破每個難關，跑出屬於自己的彩虹。

第 6 章

羽翼之下

羽毛球

羽毛球

殘疾人羽毛球在 2020 年東京殘奧會上首次亮相，但這項運動自 1990 年代已曾展現在國際賽場，首屆殘疾人羽毛球世界錦標賽於 1998 年在荷蘭舉行。首個殘疾人羽毛球管理機構 —— 國際殘疾人羽毛球協會（IBAD）於 1995 年 6 月 17 日在英格蘭的斯托克・曼德維爾成立，是管理殘疾人羽毛球的國際組織。2011 年，殘疾人羽毛球被納入羽毛球世界聯會。2019 年，殘疾人羽毛球世錦賽和羽毛球世錦賽同在巴塞爾舉行，羽毛球運動正式踏入新的里程碑。中國香港共有 2 名運動員獲得 2024 年巴黎殘疾人奧運會參賽資格，包括朱文佳及陳浩源。

級別鑑定

根據殘疾程度，選手分為六個類別 —— 四種站姿和兩種輪椅項目。

字母

WH = 輪椅

SL = 站姿下肢殘疾

SU = 站姿上肢殘疾

SH = 短肢

數字編號

1 和 2 = 輪椅運動員

3 和 4 = 下肢障礙或輕度偏癱的運動員

5 = 手臂障礙

6 = 身材矮小的運動員

比賽規則

與羽毛球比賽一樣，殘疾羽毛球分單打和雙打比賽。對於某些類別，比如輪椅單打比賽，可以調整場地大小，比賽場地僅為常規的一半。比賽採用三局兩勝制，首先在兩局比賽中達到 21 分的選手或隊伍即贏得比賽。在比分達到 19 分後，一方必須領先對手兩分才能獲勝。

從健全選手到殘羽軍師

陳仁傑 總教練

當觀眾注視賽場上的激烈對決時，或許會看到選手們在關鍵時刻望向場邊——那裏站着一個熟悉的身影，用眼神、手勢，或簡短而堅定的話語，傳遞着無聲的力量。當球員在訓練中受挫，教練會細心調整動作細節；當比賽陷入膠着，他的每一句提醒都像一盞明燈，指引方向。中國香港殘疾人羽毛球代表隊總教練陳仁傑，就是這樣的存在。他不僅是戰術的制定者，更是選手們心中的良師益友。

選對賽事，比拼命訓練更重要

39 歲的陳仁傑，曾經是中國香港羽毛球代表隊成員，男單最高世界排名第九位。2018 年至 2022 年期間，擔任香港羽毛球隊男單教練，同時在 2019 年在殘疾人羽毛球代表隊擔任兼職教練，三年後正式轉為全職總教練，帶領羽毛球代表隊爭取佳績。作為殘疾人羽毛球代表隊主帥，陳教練除了要教導羽毛球技術外，更需要執行部署工作，以這次巴黎殘疾人奧運會為例，為了讓陳浩源及朱文佳取得參賽資格，他早在年多前已經開始準備，在各站賽事取得分數，以獲得殘奧會入場券，陳教練精密規劃，為選手報名參選較有機會爭取分數的賽事，從而達到目標。

2024 年在泰國芭堤雅舉行的殘疾人羽毛球世錦賽，陳仁傑與其團隊經歷了一個意料之外的賽事，當時由朱文佳及王鎮炎於男子 SH6 級雙打賽事摘銀，陳教練當時為了這個世錦賽，在訓練上是加了一些新元素，陳仁傑表示：「可惜新加入的技巧在比賽中效果未完全發揮出來，令成績不如人意，幸好運動員汲取經驗，在之後的巴黎殘奧會上有好表現！」陳教練以陳浩源出戰 WH2 男單輪椅組別四強為例，當時的韓國對手于秀

歷年主要賽事

2022 年日本殘疾人羽毛球世界錦標賽

杭州 2022 亞洲殘疾人運動會

巴黎 2024 殘疾人奧運會

他的每一句提醒都像一盞明燈，指引方向。

榮，正是浩源世錦賽八強遇到的選手，而能夠在巴黎殘奧會報卻世錦賽一敗，並且最後獲得奧運銀牌，正是世錦賽後累積經驗，以及心理上調節的最佳證明。

在巴黎殘奧會四強戰中，陳教練看得出浩源的心理狀態非常穩定，而且明顯經過訓練調整，思想上也改變不少。當然，浩源也經過艱苦訓練，鍛鍊出高度抗壓力，所以這面閃耀的銀牌得來不易，也是陳教練在教導浩源路途上，最感動一刻。

最好的教練，最愧疚的丈夫與爸爸

很少人知道在一個體育項目團隊中，教練在背後付出了多少努力，陳仁傑直言在出任主帥開始的道路上，必須感謝家人背後支持，尤其當女兒出生後，因為自己要帶領隊伍征戰各國參賽搶分，使他不得不犧牲許多與妻女相處的寶貴時光。最令他揪心的回憶，是 2022 年杭州亞殘運期間離家後的情景：「當時出國約 20 日，回到家時，那時只有 2 歲多的女兒走在我面前，然後像定了格一樣，突然之間爆喊，這個經驗以往從未試過，此情況連太太也意料不及，那刻才知道，家人的確很掛念自己。」

事實上，從運動員到總教練的生涯，陳教練家中大小事一直都由太太處理。回憶起職業生涯，不論是昔日作為運動員四處征戰，或是如今以教練身份帶領團隊，那種「行李箱永遠處於待命狀態」的生活節奏從未改變，所以他衷心感謝太太這些年的付出及體諒。為了替運動員爭取巴黎殘奧會入場券，陳教練與代表隊在資格賽期間出國多達 12 次，以每次約 20 日為標準，簡單計算就知道，這意味着一年中有超過 200 天不在香港。一些重要紀念日子，例如結婚紀念日、太太及女兒生日，也總是遺憾錯過，教練的付出從來不只是訓練場上的汗水，更是這些說不出口的、與家人錯身而過的時光。

提到與隊內運動員的關係，陳仁傑坦言必須顧及選手感受，尤其自己本身是健全運動員出身，要領悟殘疾運動員的難處並不容易，因沒有經歷過運動員的處境，像陳浩源那樣，要明白他所面對的問題，就必須坐在

陳仁傑總教練（右）出席中國香港代表團授旗典禮。

輪椅上做相同動作，實行身教，這才能夠更有說服力，令選手相信教練的指導是正確。他說：「有時殘疾運動員是傷患問題，忍着痛楚去比賽，而自己當運動員時沒有想過會有這種傷勢情況，所以現在會和他們一起想辦法，從中找出方法來。」

10 元錢幣論

教練的指導又是否絕對正確呢？陳仁傑經常為運動員預留 Plan B，然後給他們空間思想，考慮自己應該怎樣實行計劃。當運動員遇到問題，他更需要以朋友身份了解當中原因，給予意見。不過，遇上運動員堅持己見，甚至一意孤行，而明知這是偏離正軌的，那便要「嚴師」上身，適時展現教練的權威，令運動員作出修改，走回正確之路。陳教練提到此時，也直言需講求時機，不能過於急進，這樣才可與運動員保持互信良好關係。

在朱文佳等代表隊成員心目中，陳仁傑是一位很多金句的教練，訓練時總會爆發連串金句，其中「10 元錢幣論」是隊中成員聽到最多的一套哲理。「想像自己有 10 元在手，應該怎樣在比賽過程中運用那 10 元？是一次過用盡，還是衡量過自己當時狀態，而出多少元？」運用實際概念來教導運動員，陳教練絕對有他的過人之處。

缺陷不在身，而在心態

陳仁傑雖則金句多多，但他對待運動員最基本的要求，是要全心全意投入比賽與訓練，即使是殘疾運動員，也要在比賽舞台證明身體缺陷並不重要，心態才是關鍵。陳教練明白要完全領悟殘疾運動員當中的感受是有困難，所以會利用更多方法，力求設身處地理解他們的處境。而殘疾運動員肩負着

必須抱有不要輕易放棄的精神，
也不要經常懷疑自己，
要為自己感到自豪。

「中國香港」這個名號出外比賽，與健全運動員一樣，都需要有承擔、盡力比賽，才是對這個身份的最佳回應。

「先有失敗，才有成功。」這是陳仁傑深信的道理，殘疾運動員在成長過程中，如何提高解決能力及抗壓力，是教練指導的課題。他明白運動員就算處於較佳的比賽狀態，都未必一定能夠勝出比賽，而陳教練在轉任殘疾人羽毛球代表隊全職總教練後，得到最大滿足是看見運動員心態上成長，以及運動員勇於挑戰自己，全力以赴、肯付出。在思想上，陳教練認為運動員必須要保持開放態度，不斷思考，才是運動員進步的重要元素。

對於中國香港殘疾人羽毛球代表隊未來方向，陳仁傑會以 2025 年亞洲錦標賽，以及備戰 12 月舉行的第十二屆殘運會暨第九屆特奧會，作為代表隊今後方向檢視賽事，為 2026 年在日本名古屋舉行的亞洲殘疾人運動會，甚至 2028 年美國洛杉磯殘疾人奧運會作長遠準備。的確，殘疾人士要投身運動員界別，並非一件容易的事，最少在陳教練眼中，就是必須抱有不要輕易放棄的精神，也不要經常懷疑自己，要為自己感到自豪，就算先天或後天造成身體上的缺陷，只要在當時情況許可下，豁出一切，這些都是為殘疾運動員所需的條件。

在陳仁傑眾多金句中，「永遠不知道對手狀態如何」最能體現運動員比賽時所需抱持的心態，教練會傳授比賽中爭取勝利的元素，但最後落場拼搏的是運動員，所以陳教練認為運動員每次比賽，可否做多一點點，進步多一點點，從而提升自己能力。這份堅持，正是健全與殘疾運動員都不可或缺的致勝關鍵。

陳教練的「10 元錢幣論」表面看似只是將戰術理論具象化，但當要實行的時候，背後除了擁有勇於嘗試精神，還得要計算當中利與弊，因為稍一差池，10 元很容易化成烏有。相反，只要認清自己當時狀態及處於甚麼境況，那 10 元的投資可贏回意想不到的回報，那種計算與膽色發揮，相信正是陳教練帶領團隊不斷突破的獨門心法。陳仁傑教練在 2025 年 7 月獲政府頒授榮譽勳章，以表揚他為香港殘疾運動作出卓越貢獻。

輪椅上的羽翼

運動競技場吸引人之處，正是在於它能創造看似不可能的奇蹟。

歷年主要賽事成績

雅加達 2018 亞洲殘疾人運動會 - 單打銀牌

2019 年世界錦標賽 - 單打銀牌

東京 2020 殘疾人奧運會 - 單打銅牌

陳浩源於巴黎 2024 殘奧會男子 WH2 級羽毛球單打比賽勇獲銀牌。

陳浩源

巴黎 2024 殘奧會閉幕禮陳浩源以中國香港代表團持旗手身份進場。

陳浩源以鋼鐵般的意志，在輪椅上揮拍寫下香港體壇傳奇。他不僅是現今香港唯一的輪椅羽毛球運動員，更以驚人毅力攀上 WH2 級男子單打世界排名第二的位置。在 2020 年東京殘奧會上，他奮力奪銅，閃耀國際；在 2024 年巴黎殘奧會，他再創輝煌，勇摘銀牌，讓中國香港的旗幟高揚於世界舞台。每一面獎牌的背後，都是常人難以想像的淚水與堅持。他讓世界看見，即使坐在輪椅上，靈魂也能如羽毛球般，飛越命運的高牆。

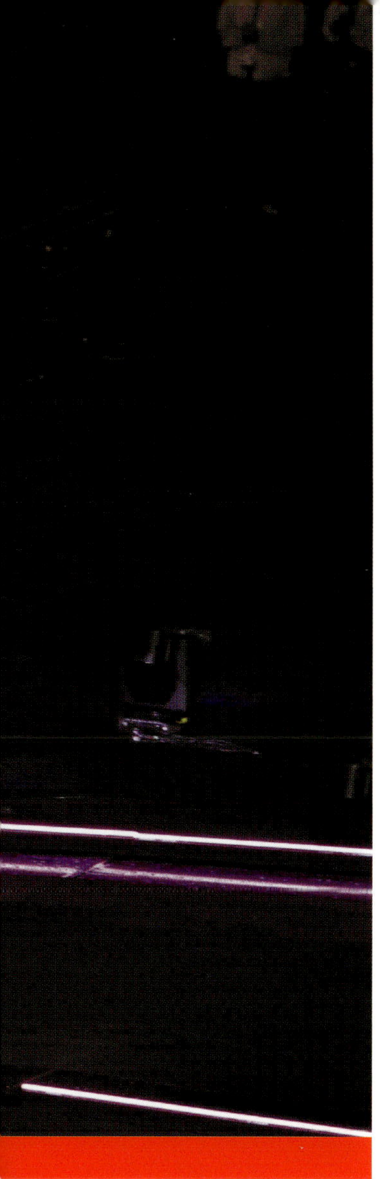

一張報名表改寫的命運

1985 年出生的陳浩源，23 歲時因為在中國內地工作時遭遇車禍，左腳不幸需要截肢，對於這個熱愛羽毛球與足球的壯健青年而言，這場意外是始料不及的。然而，這件不如意的事情，竟是展開他人生不同章節的契機。當時陳浩源明白到與其每天待在家中看電視，以物理治療作為人生的主軸，倒不如認真成為一位運動員。在往後的 16 年間，他憑藉堅毅的精神、無數次跌倒又爬起的堅持，經歷了不為人知的艱辛訓練，化作羽毛球場上飛躍的推動力。當年那張用傳真機（俗稱 Fax 機）傳送的報名表，為他展開了香港目前唯一輪椅羽毛球手之路。

2008 年底，擁有羽毛球技術基礎的陳浩源加入了中國香港傷殘人士體育協會，他當時參加的雖然只是興趣班，逢星期四在尖沙咀九龍公園上堂，每節兩小時的非正規訓練，但對於熱愛羽毛球的浩源來說，是他意外後最期待時間，令他充滿動力、積極向前行。一年後，浩源參加全港殘疾人士周年羽毛球比賽，登上頒獎台第一位，他憶述這面獎牌對他而言意義非凡：「這塊冠軍獎牌，比起我往後所贏得獎項更具意義，這是帶着啟發性的力量，令我往後更能認清自己目標和方向。」

銀牌的光芒

到巴黎殘奧會，香港市民透過電視直播，觀賞陳浩源於比賽中拼命作戰精神，那一幕幕熱血畫面至今仍為港人回味。特別是在四強比賽，39 歲的陳浩源遇上年僅 21 歲的對手韓國運動員于秀榮，年齡與體能的差距顯而易見。但運動競技場吸引人之處，正是在於它能創造看似不可能的奇蹟。當陳浩源第一局以 18:20 落後，即將失去首局之際，他卻聽到現場支持他的親人落力打氣，於是他咬緊牙關，追至 20:20 平手「刁時」局面，及後更能反勝 23:21，這關鍵一局的分數，奠定了這場勝利的基礎。第二局，于秀榮因為肌肉痙攣，令陳浩源更有利取下這局，他利用消耗戰術消磨于秀榮的體力，再憑着堅韌耐性支援戰術打法，最後再贏 21:10，晉身決賽。

陳浩源距離金牌只差一步，決賽舞台上遇上日本選手梶原大暉，兩人曾經在賽前交談，並且承諾梶原會在決賽與他一較高下，如今雙雙兌現諾言。面對22歲擁有頂尖實力的梶原大暉，而年紀幾乎只有自己一半，陳浩源力戰而敗，而據他所提及，決賽場地受到隔鄰比賽聲浪干擾。因為入場欣賞羽毛球比賽觀眾不少，在眾多運動項目中，羽毛球是首三、四個門票早已售罄的項目，所以球場內的打氣聲澎湃，使他心情上確實有點影響，甚至在比賽期間有點迷失。儘管如此，陳浩源最後收穫銀牌成績，已超越了自己在東京殘奧會的銅牌戰績，當銀白獎牌在燈光下閃耀時，映照出的是十六年來無數次跌倒又爬起的堅持，是從興趣班學員到世界亞軍的蛻變，更是一個輪椅運動員用生命譜寫的傳奇篇章。

前無古人，陳浩源自言由0分做到100分的蛻變，甚至獲得兩次殘奧會的獎牌，更可說是做到兩次100分，在這個輪椅羽毛球運動員生涯，是香港第一人，也是目前的唯一，既然數字是一，難免有孤單感覺。陳浩源憶述2011、2012及2013年，香港殘疾羽毛球隊因為制度改變而只剩他一位選手，使他心理承受巨大壓力。一位教練單獨訓練一名運動員，外界或許會錯覺這更能集中培訓球員，然而，一支球隊只得一位運動員，面對香港體育學院資助的計分制，浩源每次出外比賽，總面對必須要有好成績的心理壓力，稍一不慎失去資助，便會衍生很多困難。

母愛與愛情的支柱

陳浩源的運動生涯不僅受到香港市民愛戴，更獲其他國籍運動員所歡迎及喜愛。他除了球技出眾，讓對手由衷敬佩，完美詮釋了「識英雄重英雄」的體育精神，而作為香港人運動員獨特的優勢——擁有兩文三語的語言能力，使浩源更有自信地與其他國手接觸，從中產生友誼之光，他亦相信正因國際語言這自身條件，更能幫助推廣香港，甚至出外比賽時，經常獲其他選手推選為「我最喜愛的運動員」。

人生如茶，苦澀中總會回甘。陳浩源非常感激他的家

陳浩源（左二）於男子WH2級羽毛球單打獲得銀牌。

陳浩源於男子WH2級羽毛球單打獲得銀牌。

PARIS 2024

陳浩源於男子單打 WH2 級四強小組賽。

人，尤其是默默守候身旁的陳媽媽，他形容媽媽在其運動員之路上，抱着不求回報的態度，對着這位曾經遇上交通意外的兒子，每次都笑臉相迎，總令陳浩源安心地出發到外地比賽，這種無微不至的母愛，心中那股背後支撐着運動員的力量，比起運動員場上的拼勁展現了更大的勇氣，尤其陳媽媽當時自身也面臨健康及精神挑戰，更讓浩源深刻體會親情的重要。

陳浩源憶述東京殘奧會前，正夕新冠病毒肆虐，一切都實行封閉式政策，包括香港體育學院亦告封閉，當時陳媽媽患上癌症，正因一切停擺及封鎖，他無法帶媽媽到醫院覆診，作為兒子卻不能陪母親看病，回憶起那段無能為力的日子，浩源仍有着愧疚的眼神。

在陳浩源的人生中，還有一位不可或缺的重要人物——他的太太。由中學時期已相識的女友，現在已成為他人生另一半，他形容自己與太太的性格截然不同，她較為理性，很多時都會為他分析問題，即使他贏得無數獎牌，太太也僅在兩次特別時刻在臉書（Facebook）上點讚，一次是當選「十大傑出青年」，另一次就是去年的巴黎殘奧會勇奪銀牌。傾談正是兩人溝通方法，陳浩源甚至視太太為自己的「樹窿」，因為太太可令自己平靜下來，有利處理每件事。正因為太太給予的另一種「愛」，使陳浩源決心要做好殘疾運動員，「她的愛，就像港式奶茶加了煉奶，讓一切變得更加甜美。」陳浩源這樣形容太太帶給他的影響。

球場上的超必殺技

運動員生涯遇上思想相近的教練實屬難得，作為港隊總教練的陳仁傑，也令陳浩源「開竅」不少，縱然訓練上或者比賽過程中，難免與教練有所爭拗或意見不合，但兩人始終秉持互相尊重的原則，因為他們有着共同的目標 —— 為香港爭取佳績。

兩人年紀相若，陳仁傑教練更是土生土長的香港運動員，為人謙遜，也使陳浩源與教練距離拉近。陳浩源笑言陳教練是「金句王」，陪他練跑也爆出不同金句，彷彿一招招的必殺技，在笑聲中教授他實戰道理，他最記得的是「知、識、明、通、化」這五個字，代表着「知道、學懂、明白、融匯貫通及化境」，這是一個學習過程。陳浩源明白到是陳教練所給予的「超必」（超必殺技），成就了今天的他。

獎牌背後的鼓舞

陳浩源自巴黎賽事開始，便深切感受到香港市民的支持，大眾透過電視台直播觀看比賽，直到他凱旋返港，特區政府官員與市民群眾的熱情迎接，這種對殘疾運動員的認可和禮遇，比以往顯著提升。更意想不到的是，陳浩源從巴黎奪銀牌返港後，獲得社會各界邀請出席的活動逾 200 個，但他希望外界留意到的，不只是獲獎的選手，而是同樣看見那些默默耕耘、尚未站上頒獎台的殘疾運動員。

面對比賽所帶來的日積月累傷患，尤其是腰傷，腰椎間盤突出的舊患一直影響他的日常生活，不僅讓日常中的簡單轉身都成為挑戰，更使訓練和比賽變得加倍艱難。陳浩源坦言以現時 39 歲的年紀，職業生涯已進入倒數階段，而自己也會漸漸在國際舞台退下來。儘管如此，他希望憑藉過去的努力，能在香港體育史上留下自己的印記，市民會記得香港曾經出現一個輪椅羽毛球運動員 —— 陳浩源。

2016 年，陳浩源放棄全職工作，透過「精英運動員入學計劃」入讀浸會大學體育康樂管理學士課程，而未來計劃成立學院，幫助肢體殘障人士，以及有特殊教育需要的學生，冀能以生命影響生命。談及會否投身教練之路？陳浩源不禁流露感慨，作為中國香港首位及唯一的輪椅羽毛球運動員，也面臨「無徒可教」的困境 —— 這項運動至今仍未有後來者能繼承他的衣缽。他只好去幫助更多殘疾人士，根據他們的實際需求提供援助，或者這就是陳浩源人生下半場另一章節。

回想起 16 年的殘疾運動員生涯，陳浩源自言沒有後悔過所走過的路，就算過程中如何艱辛，結果就成為了今日的他。殘疾人士在社會上面對的不公及不足，陳浩源指他們更需要勇於走出社會，讓外界知道殘疾人士也有平等對待機會，與其做「投訴者」，不如主動多行一步成為「建設者」，這也正正是陳浩源準備褪下運動員戰衣後，希望所做到的事情。

朱文佳出戰 2024 年巴黎殘奧會男子單打 SH6 級比賽。

態度決定高度

抱着不放棄精神，將每個不可能都擊回對場。

歷年主要賽事成績

- 東京 2020 殘疾人奧運會單打 - 單打銀牌
- 2022 年日本殘疾人羽毛球世界錦標賽 - 單打金牌
- 杭州 2022 亞洲殘疾人運動會 - 單打金牌

「態度決定高度」——這句話在 34 歲的朱文佳身上得到完美印證。2021 年東京殘奧會上，這位因隱性遺傳病而身形受限的羽毛球選手，在男子單打短肢組 SH6 級別勇奪銀牌，用實力證明先天條件從不是夢想的界限，身體的限制未能框住他的人生。憑藉鋼鐵般的意志，朱文佳將「不可能」改寫成「不，可能！」。每一次揮拍都是對命運的抗爭，每得一分都在重新定義「高度」的真正意義。

從自我懷疑到自我超越

在接觸羽毛球之前，朱文佳將更多時間投放在乒乓球這項同樣講求速度與反應運動上，直到中二獲朋友邀請，參加班際羽毛球比賽，他當時心想：「多嘗試一個運動，對自己來說沒有壞處吧！」就是這樣，他踏出的第一步，使到文佳的人生軌跡完全改寫。過往的乒乓球訓練，令他訓練出敏捷的反應，結果在羽毛球道路上也有得益，從殘疾人世界羽毛球錦標賽、亞洲殘疾人運動會，到後來參加兩屆殘疾人奧運會，他都抱着不放棄精神，將每個「不可能」都擊回對場，戰鬥到今天。

2018 年的雅加達亞殘運會，是文佳踏上羽毛球運動員生涯的重要里程碑，他贏得個人首面國際大賽金牌，一切來得如此美好，也是他築起更強自信的基石。初嘗成功，自然希望得到更大成就，而 2021 年東京殘奧會首次將羽毛球列入為競賽項目後，朱文佳在接受訪時坦言，這是他羽毛球運動員生涯其中一個轉捩點。四強賽中，他面對 22 歲應屆世錦賽銅牌得主的巴西球手 Vitor Tavares，能夠在先輸一局的劣勢下，最後反勝 2:1，坐銀望金，這場勝利之所以珍貴，不僅在於「坐銀望金」的佳績，更在於他與教練共同成長的珍貴歷程。雖然最後決賽中不敵當時世界排名第二的印度選手，但這個殘奧會銀牌，已經令文佳職業生涯再攀新高。

2023 年杭州亞殘運決賽上，朱文佳終於扳回一城，擊敗東京殘奧會決賽的對手印度強將，成功贏回一仗，奪下亞殘運會金牌。然而，到了 2024 年巴黎殘奧會，文佳賽前給予自己很大壓力，不時質疑自己能力。在巴黎比賽時面對觀眾席熱烈打氣歡呼聲，文佳事後直言他反而避開觀眾眼神。他說：「自己本身對聲音比較敏感，而比賽場地比較接近觀眾席，集中力無疑有影響，而遇上熟悉的支持者，令自己出現雜念，會想：自己要怎樣才不辜負他們的期望呢？無形中就給了自己更大壓力。」

當運動員獨自上場比賽時，沒有太多人體會到他們偶然出現的孤獨心情，縱使教練明明在場邊，有時大腦仍會空白一片，過往訓練的辛酸感覺便一湧而上。文佳在巴黎殘奧會的銅牌戰輸給老對手——巴西選手 Vitor

朱文佳參與羽毛球訓練。

Tavares，無緣連續兩屆奧運會踏上頒獎台，他稱輸給自己的枷鎖，想得太多。運動員有時會輸給自己的「心魔」，文佳自言因為電視台直播，多了市民觀眾留意，因而壓力更大，甚至備戰時自我封閉，生活中上種種煩惱，都影響了在巴黎比賽的表現。

人生中兩位良師益友

正因為低谷中才認識到真正自己，也讓他更珍惜身邊人的扶持，文佳特別感謝陳仁傑總教練的栽培，兩人的正面溝通甚有幫助，與教練想法相同，才可向着同一目標邁進，因為陳教練總能在關鍵時刻給予最專業的指導。

文佳遇上中國香港殘疾人羽毛球代表隊內兩位教練，除了陳仁傑總教練外，亦有賴劉南銘教練的培訓，文佳稱兩位教練教導方式有所不同。2018 年 4 月開始接觸劉教練，因為他與文佳居住地點相近，故不時會約出來傾談，甚至行山遠足，加深

朱文佳出戰男子單打 SH6 級比賽。

彼此感情，可謂亦師亦友。文佳說：「劉教練行山時會帶我行到懸崖邊位，希望透過更多經歷，慢慢了解自己，而不只是困在羽毛球場內尋找方向，要透過生活開拓自己眼界。有一次劉教練帶我行上獅子山頂，因為以往從未登頂，當時的確給我很深印象及截然不同的感覺。」正如劉教練的法語座右銘「C'est la vie」，意思是「這就是人生」，給予文佳很深的影響。

在朱文佳的運動生涯中，總教練陳仁傑的指導至關重要。陳教練擅長以「10 元錢幣論」來比喻球賽前或比賽中的形勢，將抽象的戰術概念化為具體意象，使文佳更容易掌握。當然，日常操練中師徒之間艱苦訓練，例如要設置儀器等勞動性常規備戰工作等，都是文佳與陳總教練另類增進感情的時機。

文佳提到今次巴黎殘奧會氣氛雖然十

分熾熱，但巨大的聲浪偶爾也會影響他的專注力。當然，能夠獲得外國觀眾現場打氣，以及在電視機前熬夜觀看直播支持的香港觀眾，文佳仍然覺得很窩心，尤其巴黎與香港有着時差，香港市民依然熱烈捧場，那是非筆墨所能形容的感動。

放手一搏

2018 年，文佳參加「殘疾運動項目精英資助先導計劃」，從兼職運動員身份走到全職運動員，以往生活經驗有助他日後發展，他曾經在小學母校擔任資訊科技人員，因為身型上相近，與學生可融洽交流，甚至獲得導師讚賞，而與人之間溝通技巧就是從這裏鍛鍊出來。鮮為人知的是，文佳還有着令人驚艷的音樂才華，曾經於 2018 年香港體育學院一次活動中，與其他運動員組樂團演出，他負責彈琴及低音結他，之後更有機會在香港體育館表演，絕對是人生中意想不到的成就。

平時愛聽廣東歌及日文歌的文佳，有時比賽時都會哼起歌來，以放鬆一下自己心情，他特別提到岑寧兒主唱的《風的形狀》，正如歌詞中道：「為了找人生不同形狀，未知的放手去擁抱一趟，換個比回憶廣闊的視角。」運動員的生涯，甚至人生，就是在找那自己不同的形狀，文佳鼓勵有意想投身運動員行列的傷健人士，雖然前路是很困難，但只要敢於踏出第一步，追隨自己想法，勇於嘗試，才是成功第一步，正如文佳最記得中學老師「吃虧是福」名言，只要願意嘗試，每個挫折都是通往新可能的契機，唯有勇敢擁抱未知，才能看見更遼闊的風景。

平衡競技與生活

在光鮮的獎牌背後，文佳面對沒多少人留意到的傷患問題，目前他帶着右膝骨刺痛楚比賽，不時要接受隨隊物理治療師的治療，他練習時也得需帶着護膝上陣，幸好「殘疾運動項目精英資助先導計劃」令他在治理傷患方面有體育學院的醫療團隊照料，讓他能專注於最重要的事：在競技與生活間尋找平衡。文佳的運動員路途上轉變，學會不要只追求成績，有時要做回自己。做運動員不容易，要做傷健運動員遇到的困難更大，因外界會多了一份不必要的眼光對待自己，這也是文佳認為最難克服的外來因素。

有時面對外界不必要的眼光，文佳從家人中感受到愛，他平常很少提到任職木工的父親，他自言其中一次接受港台節目《沒有不可能的背後》中，帶同父親分享感受，是他最深刻的一次訪問，雖然父親在文佳成長期，因為工作早出晚歸，但父親刻苦耐勞性格也影響了文佳，所以練習時多麼辛苦也會捱下去。

為拓展運動員生涯後的出路，文佳獲香港中文大學的學生運動員學習支援及入學計劃（SALSA）取錄，現就讀健康與體育運動科學課程，現階段除了讀書外，他依然不會放棄羽毛球運動員生涯，尤其是第十二屆殘運會暨第九屆特奧會，將於 2025 年 12 月 8 日至 15 日舉行，故文佳的目標仍然很清晰：「不想辜負每個支持我的人。」文佳在征戰多年下，身心疲倦難免，但正因為累積了這麼多經驗，期望今年殘特奧會有更佳水準，向更多不可能挑戰。

第7章

滾動的戰略

硬地滾球

硬地滾球

殘奧會的運動項目大多是由其奧運項目為藍本演變，只有兩個項目是殘奧會獨有的運動項目，硬地滾球就是其中一項。與法式滾球一樣，硬地滾球的關鍵在於運動員的精準度和熟練度，硬地滾球適合有嚴重影響運動功能障礙的輪椅運動員參與。一直以來硬地滾球都是一種娛樂活動，其首次在殘奧會上出現是在 1984 年，有嚴重殘疾的運動員終有機會可以代表他們的國家在殘奧會賽場上競技。「Boccia」這個名字來源於義大利語中的「球」一詞，最初是為腦癱患者而開發的運動。此後，這項運動已經發展至全球 75 個國家，適合患有其他類型的運動功能障礙運動員參與。中國香港共有 6 名運動員獲得 2024 年巴黎殘疾人奧運會參賽資格，包括張沅、何宛淇、梁育榮、龍子健、謝德樺及楊曉林。

級別鑑定

所有運動員都是在輪椅上比賽，並且他們都有嚴重影響運動功能的殘疾。這些殘疾包括腦癱和類似的疾病，以及嚴重的肢體功能障礙。

等級劃分

字母：BC（=Boccia，即硬地滾球）

數字編號：BC1 至 BC4

比賽規則

硬地滾球一般在 12.5 米 x 6 米的室內場地上進行。每位球員每輪比賽開始前都有六個球，運動員須坐在輪椅上進行投球，目標是將屬於自己的球盡可能地扔或滾到最接近目標球（白色球）。個人賽和雙人賽分成四局進行，而由三人組成的團體賽分成六局進行。運動員根據他們的殘疾情況被分為四個等級，最嚴重殘疾的人有資格獲得援助，如協助輪椅穩定、調節滾球的坡道、指示器等的管道操作員。管道操作員在發球期間背對賽場，目的是執行運動員的命令，但不允許為運動員提供建議或者轉身觀看比賽。

培育精英 爭取佳績

郭克榮 總教練

身為中國香港硬地滾球代表隊總教練，郭克榮始終將「培育精英、爭取佳績」視為使命。2024年巴黎殘疾人奧運會上，他率領的隊伍橫掃三金二銀，讓香港市民為之振奮。然而，閃耀的獎牌背後，是無數個日夜的堅持——「這些成績屬於每一位運動員，還有默默支持的團隊。」郭教練深知，沒有眾人的付出，就沒有巴黎賽場上的輝煌瞬間。

傳承與革新

「前人種樹、後人乘涼」郭克榮總教練謙虛地道出他的成功之道，他認為，香港硬地滾球今日的成就，奠基於歷代教練與選手的耕耘，而自己只是有幸帶領團隊更進一步。過去20年，中國香港在硬地滾球項目上爭取佳績外，更積極向國際硬地滾球體育聯會提倡男、女子分開比賽，推動性別平等競賽。「以前硬地滾球不分男女作賽，我們發現這對女性運動員來說相當不利，從一次北京賽事中，我們收集相關數據，發現女子球手大多在八強便止步。雖然雙打賽事是男女混合，但很多時女球手都只擔任後備。」2021年，在中國香港代表隊的持續倡議下，國際賽事終於實施男女分組。2024年巴黎殘奧會更創下歷史，首度將男女項目分開競技，為硬地滾球的公平發展寫下新一頁。

「場地問題曾是我們最大的痛點。」郭總教練回憶，2015年前硬地滾球隊只能租用康文署的多功能運動場訓練，場地條件並不理想，而且經常奔波於全港地區場地練習，今天到西區中山紀念公園體育館，明天可能是在藍田南場地體育館練習，由於輪椅殘疾運動員需要復康巴士接載，那麼用在交通的時間上，已費煞思量。

歷年主要賽事

雅典 2004 殘疾人奧運會

北京 2008 殘疾人奧運會

東京 2020 殘疾人奧運會

這些成績屬於每一位運動員，還有默默支持的團隊。

郭總教練道：「由於當時沒有固定訓練場地，團隊需要提早準備好用絲帶作界線，一到訓練場便要準確地鋪上，不能即場在場館內貼界線，因為這會用上不少時間，每次練習只有兩個小時，如果將時間放在貼界線上，那會導致練習時間更加縮短。後來得到會長馮馬潔嫻女士幫助，爭取在香港體育學院作為固定訓練場地，對中國香港硬地滾球發展有很大幫助。」

與時間賽跑的資格賽

郭總教練提到，今次出戰巴黎殘奧會前，在備戰爭取積分以獲參賽入場券的過程對大家也是一大挑戰，因為從 2021 年東京殘奧會到 2024 年的巴黎殘奧會賽事，當中原定 2020 年舉行的東京殘奧會因新冠疫情延期一年舉行，故實際兩屆比賽相隔只有三年時間，而硬地滾球項目更只計分至 2023 年 12 月份，即再提早半年截止，這要求團隊在短時間內制定周詳的計劃。「最難忘應是 2023 年初，整個團隊先後到波蘭及巴西兩個不同洲份出賽，在波蘭參賽後不回香港，直接到巴西爭取分數，其中波蘭積分賽完成後，團隊租了一架巴士，經歷了長達 17 小時的車程到法國，然後轉機遠赴巴西。我作為總教練也從來未試過在外出賽接近一個月時間，而且車程加飛機航程之遠，單是掌握時差已經是一個挑戰，除了運動員外，隊內義工及各位教練角色也很重要。」

提到這次歐洲加南美洲出賽的漫長旅程，郭克榮總教練稱團隊的付出很大，尤其在坐車到了法國機場後，因為下車的地點與離境大堂有一段距離，教練及義工只好將器材及運動員的行李，分批來回推至離境大堂，而運動員則看管財物。另外，因為團隊物資眾多，在航班的選擇上盡量以大型客機為主，這些看似毫不起眼的工作，在代表隊中也需顧及到。而考慮到運動員行動需要輪椅幫助關係，每逢出外比賽，同行義工及教練就必須盡照顧者責任，確保隊員安全，讓他們安心地將全副精神集中在賽事上。

對於今次巴黎之旅，郭克榮總教練提到在比賽場地聽到熟悉的廣東話打氣聲音，讓他感到既意外又十分感動。「我相信這方面是特區政府在宣傳工作做得好，我們在比賽場地聽到的不單是廣東話打氣聲音，支持者更能說出運動員名字，梁育榮加油！何宛淇加油！甚至有位英國來的女士，專程到法國為我們打氣。」這種跨國的支持讓他感受到無論身在何處，香港的運動員都不會孤單。聽到這些聲音後，他深感欣慰，這份支持讓他在巴黎的比賽中倍感鼓舞。

為了今次在巴黎殘奧會上爭取更好成績，郭克榮透露當國際硬地滾球體育聯會公佈比賽場地的規格後，香港體育學院便從法國購買相同的場地膠墊，讓運動員在平時訓練中使用，務求運動員得以適應場地對滾球運行的變化，從中收集各種基本數據，而據郭總教練說明，這塊膠墊價值十萬多港元，足見要爭取好成績，準備功夫上必須做到足。

深夜守護者

至於巴黎比賽安排，也考驗運動員及教練的耐力與耐性，大會將比賽安排於早上進行，之後會有一段休息時間，到晚上再作賽，中間若有足夠時間返回選手村，團隊成員就能得到休息機會，否則，運動員可能因為體能恢復不充分而容易受傷，或出現反應遲緩的情況。幸而，各運動員都有着無比鬥志，為了爭取好成績，展現

郭克榮教練出席巴黎殘奧會中國香港代表團授旗典禮。

運動員的努力達到期望，把中國香港硬地滾球發展推向嶄新高度。

出最專業一面，正是這種堅持和努力，才讓他們在比賽中取得了佳績。

由於巴黎比賽往往到晚上才完結，郭總教練與一眾教練及義工返回選手村後，仍要照顧運動員，一切以讓選手恢復體能為首要工作，所以往往完成一天比賽後，入睡時已是深夜時間，之後為了另一天早上比賽，基本上睡眠只有數小時後便要起身牀。「從比賽場地往返選手村後，我們先讓運動員安頓及休息，之後才到教練、義工梳洗。若比賽在早上舉行，運動員便需要清晨四、五點起牀，而教練和義工便要更早起牀張羅，治療師也要為他們進行拉筋動作。」郭教練苦笑着回憶，自己曾因不適應大會冷盤食物連病了三天，但這些都隨着選手站上頒獎台的感動而抵銷了。市民看到的只是賽場上的榮耀時刻，而這些深夜裏的忙碌身影，同樣值得掌聲。

在巴黎殘奧會及其他國際大賽中，中國香港代表隊取得了卓越的戰績，顯示出中國香港在硬地滾球的國際水平上具備一席之位，郭克榮形容近二十年中國香港硬地滾球發展轉變很大。從世界競爭對手而言，郭總教練指出不少國家的水平正在上升。「我看到像南美有哥倫比亞，歐洲則有斯洛伐克、法國，亞洲國家更是強敵林立，例如：印尼、日本，甚至馬來西亞均在進步中，故我們未來不能鬆懈。」

再攀高峰

在巴黎殘奧會成功過後，郭教練會針對改善運動員發揮的穩定性，器材的添置，以及了解將來要應付的賽事比賽場地、選手的傷患處理等，這些都是巴黎比賽後的重要工作。賽事方面，郭總教練希望團隊內成員藉着有豐富國際賽的比賽經驗，於 2025 年底的第十二屆全國殘疾人運動會暨第九屆特殊奧林匹克運動會上，爭取到好成績。

郭總教練認為今次巴黎殘奧會團隊的輝煌戰績，實屬眾志成城之果，全賴各方面支持及付出，包括香港特區政府、中國香港殘疾人奧委會、中國香港傷殘人士體育協會、香港體育學院、醫療團隊、各位教練、義工，甚至傳媒廣泛報道比賽戰況，以及香港市民落力打氣，而最重要是運動員的努力達到期望，把中國香港硬地滾球發展推向嶄新高度。

追夢路上並肩同行

王葉礎 教練

當中國香港硬地滾球代表隊「四朝元老」龍子健，在 2024 年巴黎殘疾人奧運會勇奪個人賽 BC1 級金牌時，大眾多聚焦於他的榮耀，卻鮮有人知道他身後的教練王葉礎所付出的努力。王葉礎教練是龍子健運動員生涯的重要夥伴，陪着這位金牌選手走過高山低谷，以及一個又一個關卡，最終走上運動員最高舞台頂峰。這枚金牌，見證了龍子健的拼搏，也回報了王葉礎的默默付出，他們的故事激勵大家，追夢路上總有人願意並肩同行。

從退休人士到金牌教練

現年 65 歲的王葉礎教練，原本任職政府部門工作，直至 2014 年退休，在此之前從未接觸過硬地滾球運動。一次偶然的機會，一位在老人中心工作的朋友，因中心有意推廣硬地滾球，讓年老長者可參與其中，王葉礎就在 2017 年陪同朋友參加了中國香港傷殘人士協會所舉辦的裁判班，並在香港體育學院進行實習，從而開始接觸這項在香港較為「冷門」的運動，之後加入中國香港硬地滾球代表隊擔任義工，後來更成為教練。

對於今次巴黎殘疾人奧運會，王葉礎教練跟龍子健一樣喜出望外，賽前沒有想過可以贏得金牌。王葉礎教練表示：「龍子健參加今屆巴黎殘奧會的 BC1 項目，共有 12 名選手參賽，他的世界排名是第七，賽前想到進入四強已經達標，所以當子健最後奪金，真的興奮莫名。」多年的合作，王葉礎教練對於子健的比賽心態十分了解，根據子健平時練習表現，是具備足夠條件及實力去爭取好成績，只是往往在比賽中心理質素稍遜，以致未能發揮平時訓練水平。王教練透露，子健在出發巴黎前諮詢

歷年主要賽事成績

2022 年羅馬硬地滾球世界挑戰賽

2022 年里約熱內盧硬地滾球世界錦標賽

2024 年新北市硬地滾球世界盃

一起走過高山低谷，以及一個又一個關卡，追夢路上總有人願意並肩同行。

運動心理學家，期望在今次巴黎賽事中有好發揮。王教練提到子健以前比賽時，緊張心情導致他猶豫很久也未能發球，尤其在關鍵時刻，情況更嚴重，但經過心理治療後，他現在出球時數「一、二、三」後便果斷發球，大幅改善以往拖延的情況，也是今次巴黎奪金的重要改變。

跨越言語的橋樑

由於龍子健自幼便患上痙攣（腦癱），言語表達受限，故訪問時也要教練或隊友「翻譯」，而王葉礎教練坦言最初與子健相處需要一段磨合期，才能了解他想表達的意思。「在磨合過程中，大家會盡量說話溝通，有時加上手勢表達，對於熟絡的人，子健更傾向用說話交流；而面對陌生人，他才會選擇以手機打字溝通。」事實上，王教練除了在訓練上要顧及龍子健的健康情況外，生活上也對龍子健照顧得無微不至。「例如水電煤等生活問題，始終子健說話溝通困難，我便協助他致電到客服熱線查詢。又或是他需要到中文大學醫院看專科，所有聯絡事宜都會找我。」王葉礎教練在龍子健的生活中擔當一個橋樑角色，關係早已超越教練與運動員，更是如親人般的存在。

提到照顧龍子健的生活，王葉礎教練印象最深刻的，莫過於在新冠疫情期間，短暫搬到香港體育學院宿照顧龍子健的一段特殊經歷，由於體院當時處於禁閉狀態，所以兩人朝夕相處了一段頗長時間，因此建立了良好默契。如今，王教練毋須貼身照顧子健，主要是出外比賽時幫忙。

回顧去年巴黎殘奧會，龍子健能夠脫穎而出，取得入場資格，王教練由衷地為他感到高興。為了爭取更高的世界排名，

在關鍵時刻放鬆心情應對比賽，好成績必將接踵而至。

龍子健與隊友們付出了極大的努力，先後參加了四、五場國際賽事，全力以赴務求積分達標。「由於當時亞洲地區較少主辦硬地滾球賽事，所以代表隊會遠征其他國家參賽，而東京殘奧會後，新冠疫情仍持續，每次隨隊出外比賽後，回港需要在酒店隔離二十一日，團隊人員在這段期間隔離日子之多可想而知。」

鬥志永不熄滅

硬地滾球這項運動對於選手的腰部及手部力量要求極高，只有具備足夠的力量，才能精準地將滾球拋出，而王葉礎教練亦提到子健於 2023 年開始出現左手勞損情況，這個傷患對於運動員來說影響很大，因此王教練在訓練中精心調整，適度安排休息時間，嚴格控制訓練強度，避免傷勢再度加劇。在王教練眼中，龍子健除了是經驗豐富的硬地滾球運動員外，最大優點是擁有無比鬥志，鬥心極強。王教練殷切寄語龍子健，今後只需要在關鍵時刻放鬆心情應對比賽，好成績必將接踵而至。同時，他希望龍子健能將以往比賽中的不愉快經歷拋諸腦後，繼續在硬地滾球的道路上昂首前行。

在 2024 年巴黎殘奧會上，由於賽事分開多個區域，而王葉礎教練的賽事通行證未能入住選手村，所以他只能在訓練時與龍子健見面，這時兩人平日建立的默契便大派用場。「今次巴黎與以往賽事不同，基於賽事通行證權限，我只能到場館才可以與子健見面，而賽前我們已溝通好滾球使用情況，以及龍子健坐輪椅時的走位。由於比賽場館面積頗大，共有八個賽場，而證件權限未必能進入所有入口，常常要走到較遠的入口，體力消耗不少。有時，看着子健出球後，又不能即時開口提醒他，有口難言的感覺也頗為無奈。」

師徒情深

當看到龍子健在殘奧會舞台上發光發熱，陪伴多年的王葉礎教練心裏的喜悅，非一般人所能感受到。多年來，師徒二人朝夕相處，那份情誼早已超越了普通的師

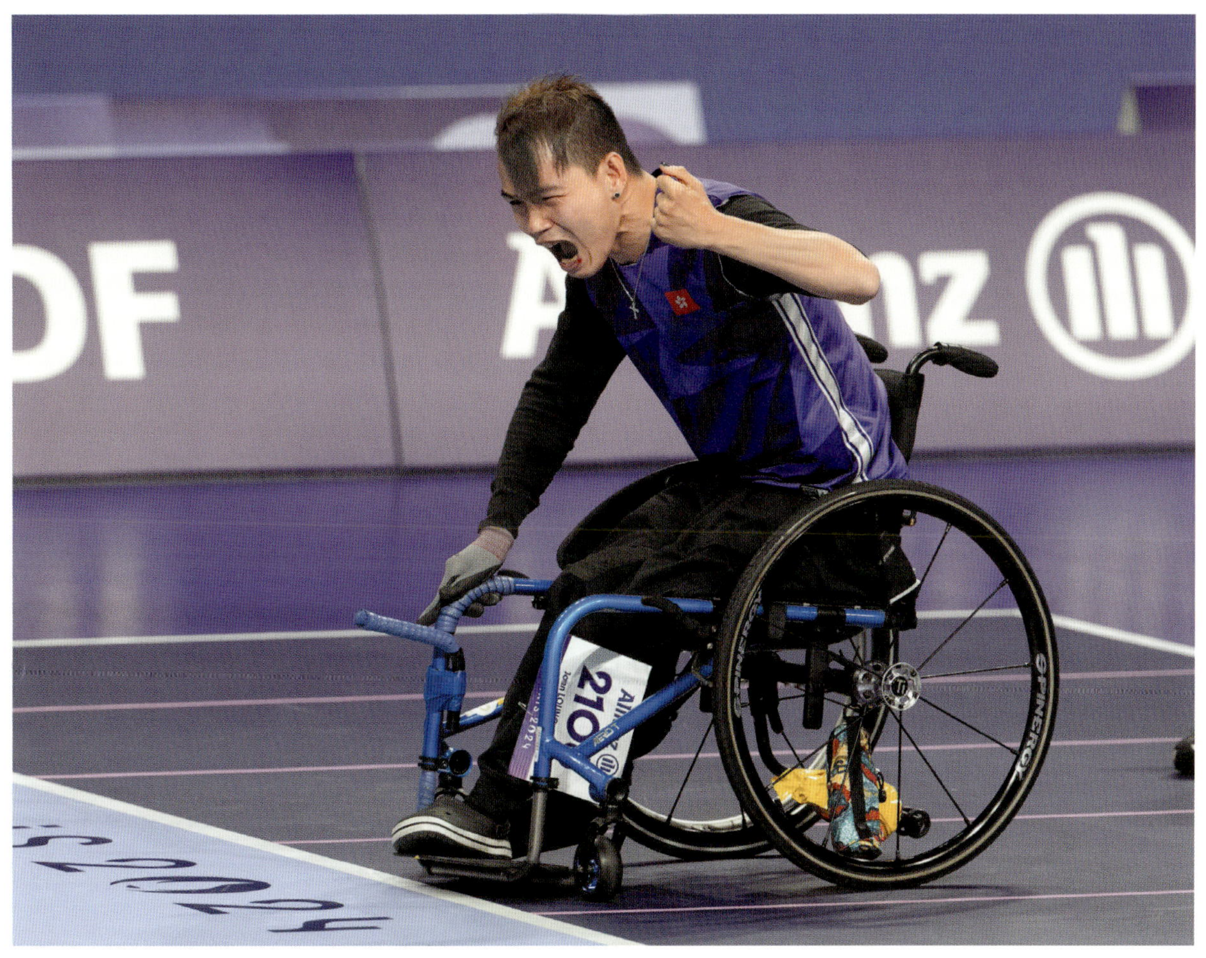

王葉礎與龍子健並肩作戰多戰，龍子健終在 2024 年巴黎殘奧會奪得男子 BC1 級硬地滾球個人賽金牌。

徒關係，昇華為濃濃的親情。展望子健未來的賽事，王教練坦言 2025 年是龍子健及硬地滾球代表隊忙碌一年，五月泰國將舉行亞洲及太平洋錦標賽，六月及八月則在中國及韓國展開世界錦標賽系列賽，到年底 12 月，則主場出擊迎戰第十二屆全國殘疾人運動會暨第九屆特殊奧林匹克運動會，其中全國運動會是子健再次衝擊獎牌的機會，相信兩人並肩作戰，定必爭出好成績。

王葉礎與龍子健在教練與運動員生涯並肩作戰多年，到巴黎之旅終於修成正果，時間彷彿回到 2017 年，王教練初進入代表隊擔任義工時，初心不變，為的是令運動員得到更好的照顧。無論過往、現在，還是未來，那些陪伴龍子健走過的日子，都深深鐫刻在兩人的心間，成為彼此生命中最珍貴的回憶。

推動滾球發展

劉煒麒 教練

中國香港硬地滾球代表隊教練劉煒麒，以幕後推手的姿態，助運動員謝德樺於 2024 年巴黎殘奧會 BC3 級混合雙人賽，與何宛淇、李榮傑合作勇奪金牌。劉煒麒從行政管理職員轉任到教練一職，與總教練郭克榮的合作，不僅推動了整個運動項目的發展，更在巴黎殘奧會上，與謝德樺攜手完成「登頂」壯舉，為其教練生涯寫下最耀眼的章節。

拓荒者的築夢之路

2012 年，劉煒麒加入香港殘疾人奧委會暨傷殘人士體育協會，擔任行政管理工作。他身兼多職，管理多個運動項目，卻意外與硬地滾球這項在香港頗為「冷門」的運動結緣。在與總教練郭克榮合作過程中，他形容彼此間頗有「火花」——起初，兩人各有想法，需要頻頻討論，但隨着目標漸趨一致，終於達成默契，攜手為團隊鋪路。2012 年倫敦殘奧會，中國香港硬地滾球代表隊成績未如理想，劉煒麒與郭總教練開始部署計劃，為團隊未來爭取好成績定出藍圖。在資源分配上，從安排康復巴士接載運動員，到訓練場地出席練習等，到解決一連串實際難題，兩人迎難而上。直至 2015 年，硬地滾球隊正式進駐香港體育學院，擁有固定訓練場地。這一路上，劉煒麒在籌劃硬地滾球的訓練花了不少心思，另外協助為代表隊創立梯隊制度，訂立一套長遠發展計劃，這也是中國香港團隊今日取得相當成就的基石。

劉煒麒表示：「以往香港的硬地滾球發展的訓練缺乏固定場地及連貫性，直至 2015 年進駐香港體育學院後，運動員不僅可以全天候練習，還能接受體能訓練、物理治療，甚至利用體院內的設施，如水療等設施進行全方位的精英化培養。這些改變，為香港硬地滾球注入了強大的競爭力。」

歷年主要賽事成績

杭州 2022 亞洲殘疾人運動會

東京 2020 殘疾人奧運會

2023 年香港 World Boccia 亞洲及大洋洲硬地滾球錦標賽

從技術層面到心理質素，逐一拆解並作出改善。

默契與心態的考驗

劉煒麒與謝德樺的合作，始於 2021 年東京殘奧會之前，當時他還需兼顧其他硬地滾球級別的訓練，無法專注於單一選手。然而直至東京殘奧會之後，他慢慢與德樺合作，當時正值新冠疫情，兩人在實施封閉訓練的香港體育學院宿舍及訓練場朝夕相處，建立了深厚默契。劉煒麒不僅在訓練中細心觀察，還利用錄影技術分析德樺的打法，從技術層面到心理質素，逐一拆解並作出改善。「我會利用科技為德樺分析各方面情況，並會透過各方面的專家協助提升訓練及比賽狀態，例如與營養師一同觀察他的進食營養度，又或是與體能訓練導師及物理治療師研究提升他的身體狀況，甚至心理質素方面，透過與專家給多些意見，德樺在各方面都有所提升，而我覺得這段期間的訓練質素更好。」

平日的訓練固然為運動員打下堅實基礎，但要球手將練習成果於比賽完美發揮出來，同樣非常重要。劉煒麒坦言，比賽前與謝德樺溝通要更頻密，並要分清於不同的時候擔任不同身份及角色。因為比賽是兩人合作，而身為教練兼管道助理員的煒麒比賽時需要背着場地，然後按運動員的判斷力作出指令放球，彼此的默契顯得相當重要，但於訓練時則要同時間觀察運動員，提出合適的意見作出改善。「出發巴黎前，我告訴德樺要放開懷抱比賽，不要因為三年前的東京殘奧會失牌給予自己負擔，要享受比賽。這可能是我最後一次陪他出賽了，當抽籤完成後，德樺的確有點緊張，始終對手擅長打遠波，而他擅長打近波，所以在個人賽上，德樺發揮的確未必是最好，開局不順，關鍵時刻亦錯失良機。在混合雙人賽開始前，我們作出檢討，並且用半日時間靜思一下，而事實上經過這樣的調整，德樺在雙人賽一場比一場更享受比賽，最後與何宛淇成功奪金。」

能在大舞台上奪牌，是對自己教練身份的肯定。

雖然劉煒麒與謝德樺攜手合作僅三年，但二人之間有着深厚友情。煒麒回想去年看見德樺奪金一刻，腦海浮現了很多畫面。「決賽其實與對手一樣，沒有甚麼優勢，只是五五波，但最後贏得金牌，當刻真的很激動！我由擔任行政人員時已經認識德樺，他由 BC1 級轉到 BC3 級，曾經不被外界看好，看着他一步步的成長，自信心增強不少，見證他成功一刻，真的很高興。同時，這也證明了自己所用的執教方法有成效，能在大舞台上奪牌，也是對自己教練身份的一個肯定。這枚金牌，總算沒有辜負家人期望。」

當劉煒麒、謝德樺、何宛淇及李榮傑合作奪得 BC3 級混合雙人賽金牌，決賽完畢後，已經是巴黎當地時間晚上 11 時半。賽事落幕，捧起獎牌的喜悅還未散去，劉煒麒已開始忙碌起來，完成所有賽後工作後，深夜便趕赴機場啟程返港。儘管身心俱疲，但奪金的興奮足以壓倒倦意，尤其回想起比賽期間香港觀眾的熱情吶喊，更讓他滿心感動。

忍痛肩負教練使命

在出發前往巴黎參加殘奧會的兩週前，劉煒麒遭遇了人生中的重大打擊——得悉父親確診患上重病。這個噩耗讓他陷入深深的悲痛與掙扎之中，甚至一度懷疑自己是否應該繼續參賽。但回想起過去三年與謝德樺朝夕相處、共同備戰的點滴，以及作為教練對運動員應盡的責任，劉煒麒最終還是選擇壓下悲痛，隨團隊出征。為了不影響團隊的士氣，他事前並未向代表隊透露親人患病的消息，而是將悲痛默默埋藏在心底，專注於比賽和對運動員的指導。

對於自己投身運動行業的這條道路，劉煒麒充滿感激。他特別感謝父母在他年少時的支持，當時他選擇到澳洲升學，攻讀體育管理學科。在當年的情況下，一個畢業後在香港未必能順利找到工作的專業，但父母依然放任他追求夢想，讓他有機會在體育領域深耕。「沒有家人的支持，我不可能走進這個行業。」劉煒麒感慨道。同時，他也感激太太對家庭無私的付出。

正是因為太太承擔了大部分家庭責任並照顧剛出生的小朋友，劉焯麒才能全心投入教練工作，無後顧之憂地追逐自己的事業夢想。

劉焯麒投身硬地滾球教練超過十年時間，見證不少殘疾運動員成長及奪獎，劉焯麒直言如果後輩想加入硬地滾球教練工作，必須要有耐性及因應每位運動員的身體狀況制定合適的訓練方式。始終殘疾運動員自身條件並不如健全運動員般，所以訓練時需要對他們更細心，並需要從運動員角度出發，了解他們的身體限制。他強調，初期要引導殘疾運動參加者認識自己身體、感知及協調等，才能進一步發展動作技能。雖然過程很漫長，但這令運動員了解自己，建立自我認知。當然，如何提升訓練的趣味度，利用想像創出更多有趣方法，使到運動員投入其中，甚至訓練耐力、爆發力這些重複性及艱辛練習，需要透過各種方法讓殘疾選手不感到枯燥，令他們願意積極參與，也是作為教練需要構思的問題。

助滾球走得更遠

劉焯麒回顧去年巴黎殘奧會的經歷，除了以教練身份率領謝德樺等愛將奪金，還以另一重要身份參與——他是國際硬地滾球體育聯會董事會成員之一。在眾多國際專業人士面前，他與各方持份者深入探討硬地滾球的未來路向。「很高興首次以國際硬地滾球體育聯會董事會成員身份出席巴黎殘奧會，的確今屆賽事競爭性相當高，不論參賽人數及隊伍數目，比起以往東京或者里約熱內盧賽事都要多，亦有某些國家首度參賽，足見這項運動的競爭性愈來愈大。」

劉焯麒在 2025 年底的全國第十二屆殘疾人運動會暨第九屆特殊奧林匹克運動會，亦有負責籌辦工作。談及謝德樺的未來，他希望這位金牌得主延續巴黎殘奧會衝破宿命的氣勢，在今後賽事，包括有主場之利的全國殘運會，甚至更遠目標的 2028 年美國洛杉磯殘奧會，保持這個好成績及期望於個人賽事再有突破，再度為中國香港爭光。劉焯麒教練在 2025 年 7 月獲政府頒授榮譽勳章，以表揚他為香港殘疾運動作出卓越貢獻。

賽場上的金牌眷侶

李榮傑 教練

「有其力必盡其力」—— 這句樸實無華的信念，正是中國香港硬地滾球代表隊教練及管道助理員李榮傑（Jet）信奉的座右銘。正因他的這種心態，令中國香港硬地滾球隊成員 —— 太太何宛淇得以圓夢，在殘疾人奧運會上，勇奪混合人雙人賽及個人賽兩枚份量十足的獎牌。這對體壇情侶攜手踏上金光大道，足印有拼搏的堅毅，沿途有溫情的印記。

教練與丈夫的雙重身份

李榮傑本身是一位小學教師，於 2011 年透過物理治療師介紹，認識硬地滾球運動，同時認識了太太何宛淇。二人相知相惜，成為情侶後，李榮傑更擔任何宛淇的專屬教練。李榮傑在身兼小學教師及教練兩個身份時，從早上六點半便開始工作，到凌晨約一時才回到家，每日如是，旁人聽聞這個時間表，已想像到他的疲累，然而 Jet 對自己很有要求，他深知，只有勤懇付出，才能不負身邊人的期望，讓自己與他人都能在最好的狀態下迎接挑戰。

「放棄小學教師工作是一個選擇，希望全力協助太太圓夢，而她的旅途也令自己開闊了世界視野，所以我都很感激她。」為了助妻子登上殘奧會的最高頒獎台，Jet 於 2022 年 9 月正式辭任小學老師教職，全力協助宛淇圓夢，因他渴望親眼看見愛人在運動員路上綻放出最燦爛的笑容的時刻。

從 2016 年的巴西里約熱內盧初次征戰，到東京的遺憾失望，繼而進軍巴黎衝金成功，李榮傑在何宛淇的運動生涯中，扮演着不可或缺的角色。2024 年巴黎殘疾人奧運會，一如過去八年，Jet 是宛淇的好教練、好拍檔，每次宛淇出球，都需要透過 Jet 將滾球放上管道，別小看放球這個動

歷年主要賽事

里約熱內盧 2022 硬地滾球世界錦標賽

杭州 2022 亞洲殘疾人運動會

香港 2023 World Boccia 亞洲及大洋洲硬地滾球錦標賽

有其力必盡其力，以力量去影響社會，實現「沒有牆的世界」。

作，這對運動員出手表現有很大影響，始終每個滾球的狀態都不同，如何選擇合適的滾球放上管道，也是一門學問。「每個滾球都有不同重心，而每個球都需要滾動五百至六百次，才進入最佳狀態，我們不斷重覆出球動作，務求令滾球直線行走時得心應手。」兩人在賽場上的配合，不僅要行動合拍，甚至要達到心靈相通。畢竟，每次放滾球在管道上，Jet 都要按照規則背對比賽場地，一切放置的決策，全靠宛淇的指示，若非兩人合作無間，又怎能迎來今日的成功？

巴黎圓夢之行

此次巴黎之行，李榮傑與何宛淇在備戰工作上可謂全力以赴。回想 2021 年，他們與獎牌擦身而過，令 Jet 暗自許下承諾，誓要陪伴太太三年後登上頒獎台。在備戰期間，對他們而言最關鍵的一件事，莫過於二人在 7 月到台灣打探各亞洲選手比賽實力，正是這次出征，令他們得以於巴黎 BC3 個人賽四強戰擊敗韓國選手姜順喜。「出發巴黎前，我與宛淇一起到台灣觀看賽事，當時有不少亞洲強手出戰，雖然我們並非以參賽者身份參賽，但透過攝錄對手比賽過程，從而了解選手的出球思路與佈局，的確有助我們在巴黎四強戰贏韓國選手，而宛淇在巴黎四強第三局勝出後，知道獎牌在望，當場感動大哭，其實我與她一樣很激動，但自己則壓抑內心的情緒，因為往後尚有決賽要進行，一切以不影響宛淇為首要考量。」

在巴黎殘奧會上，何宛淇一舉奪下雙金，李榮傑與愛妻攜手走過的八年比賽長跑，終迎來了勝利瞬間，帶來無窮喜悅。李榮傑稱與過去兩屆相較，此次出賽經歷截然不同。在巴西里約熱內盧，縱然觀眾滿懷熱情地為比賽喝彩，但巴黎賽場上的氛圍卻格外令人動容。他們聽到了許多香港人特意前來場館助威的聲音，其中不乏熟悉的廣東話加油聲，這讓李榮傑深受觸動。他與何宛淇都喜愛比賽場地充滿聲音，觀眾展現出激情澎湃的一面。這與三年前疫情下的東京殘奧會形成了鮮明對比——那時的賽場空無一人，冷清至極，難以言喻當時的感受。此外，部分香港留學生也成為賽事義工，彼此分享在巴黎的經驗，使 Jet 與宛淇兩人縱身在異地比賽，亦有份親切感。

攜手跨越人生高低

從恩愛伴侶走到金牌拍檔，李榮傑在何宛淇奪金後的情深一吻，不少香港觀眾見證這溫馨一刻。談及太太的性格，Jet 認為她在比賽時是一位很專注的運動員，同時亦是愛笑的人，對於宛淇患有先天性脊椎肌肉萎縮症，他指宛淇的努力，證明殘疾人一樣可以在運動員路途上取得成功，何宛淇積極向上的人生態度，也讓外界更關注這個罕見病症，李榮傑為此深感開心。在榮傑眼中，宛淇是一位很細心及有計劃的人，對人、對社會都有一種責任心，她總是運用自己的能力，將每件事做到最好。

2024 年一月，李榮傑和何宛淇攜手踏入婚姻，Jet 在婚宴上致辭：「我跟宛淇由相識到相愛，這段期間經歷大大小小的開心與不開心，多謝她一直在我身邊，陪伴着我，一同經歷人生低谷或高峰。做運動員不容易，我和宛淇能夠一起過這條路，實在非常難得，陪伴其實很奢侈，我已成為很幸福的人，因為可以陪着她到永遠。」正如 Jet 致辭所說，走過高山低谷，依然一起肩並肩，這份深厚的情感，從雙方幸福笑容上展露無遺。

巴黎殘奧會的金牌榮耀，對李榮傑與何宛淇而言，既是巔峰亦是新起點。李榮傑笑說：「一切又再從頭開始，路還是要繼續走。」走的，除了是運動員與教練之路，人生步伐也需一起向前。夫妻二人都是咖啡控，他們尋覓着屬於自己的小確幸——咖啡成了彼此的「精神補品」。「我們都喜歡飲食、拍照，尤其是喝咖啡，有空就會到朋友開設的 cafe 閒坐，享受一下生活，在香港生活太緊張，必須要找些嗜好調劑。自己喜歡手沖咖啡，從炒豆開始，品嚐不同的咖啡豆帶來的香味，我與太太都有經營 Instagram 專頁，喜歡將美好瞬間分享於社交平台。」

硬地滾球、咖啡與攝影成為 Jet 與宛淇之間的溝通橋樑，而 Jet 亦熱愛親近大自然，不時會行山，走到海邊，感受當下。他坦言喜愛攝影十多年，尤其對人像攝影特別鍾愛，在巴黎殘奧會前，兩人因參加其他賽事而到訪巴黎，在巴黎鐵塔下留倩影，記錄彼此到過的地方與時刻。

以力量影響社會

2025 年底第十二屆全國殘疾人運動會暨第九屆特殊奧林匹克運動會，預計李榮傑與何宛淇將再度搭檔出戰，而且在香港賽區舉行，定必獲更多市民支持，至於 2026 年的日本名古屋亞洲殘疾人運動會，Jet 稱兩人計劃仍未想得太遠，相信全運會後再有打算。

在何宛淇的奪金路上，李榮傑願意放棄小學教師正職，陪着摯愛一起圓夢，看着太太在賽場上綻放光芒，自己由衷地開心，這種愛屋及烏的情感令人動容。心地善良的 Jet 認為，將時間與精力投入到最愛的人身上，絕對是值得的。正如他說宛淇有能力做到的就會去做，Jet 也會盡自己力量把事情做好，所以他希望其他殘疾運動員或者傷健者也能夠努力拼搏，有其力必盡其力，因為每個人都有力量去影響社會，大家一起努力，便能實現「沒有牆的世界」這美好的願景。

二人是最佳拍檔。

從黯然離場到殘奧金牌

巴黎殘疾人奧運會，龍子健在男子 BC1 級硬地滾球個人賽決賽中奪得金牌，激動得興奮怒吼。

龍子健在男子個人賽 BC1 小組賽中，全力以赴，為晉級努力奮鬥。

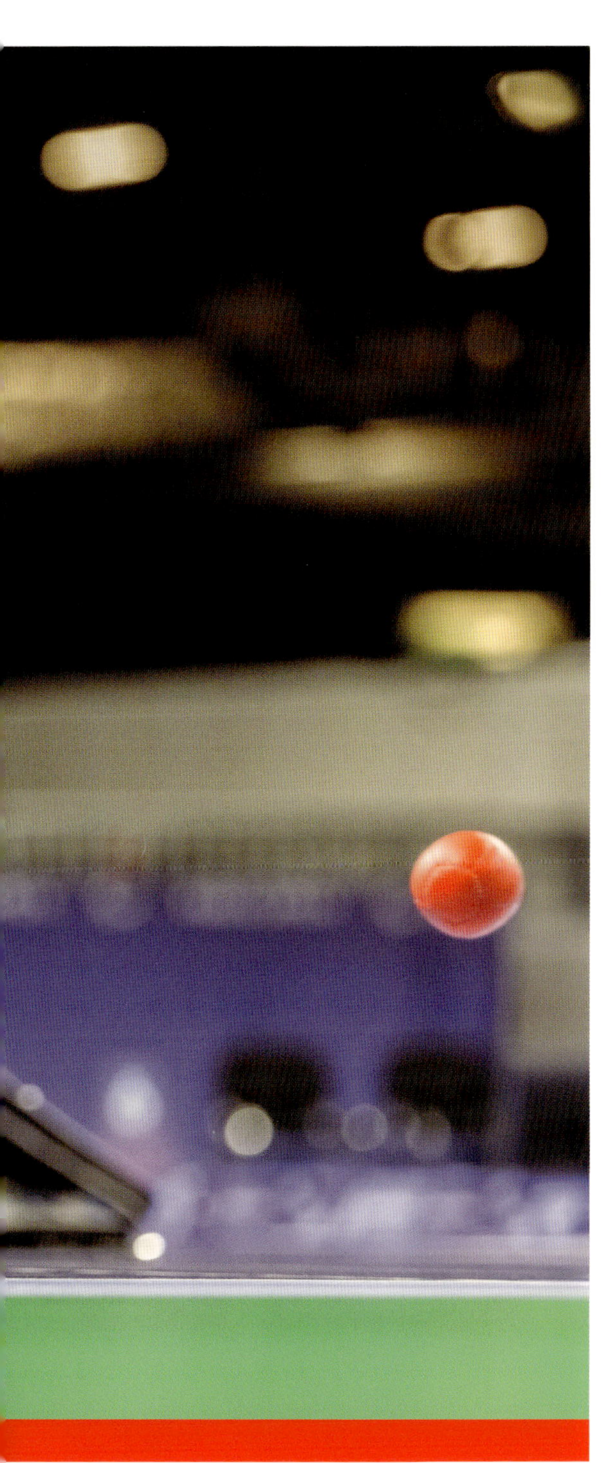

現年 39 歲的龍子健，是中國香港硬地滾球代表隊的資深戰將，這位已在港隊經歷了 26 年時間的球手，雖曾一度黯然離場，卻在總教練郭克榮與摯友們的溫暖鼓勵下重披戰袍。由 BC2 級轉打 BC1 級比賽，終在去年巴黎殘疾人奧運會上，以一道完美弧線擲出金牌榮光。這不僅是運動生涯的璀璨突破，更是對那些年來在訓練場上滴落的汗水，最鏗鏘有力的回應。

從校園到港隊

1999 年，龍子健加中國香港硬地滾球代表隊，緣於小學三年班時透過體育老師介紹，從而開始認識這項運動。這 26 年的港隊成員生涯苦中有樂，苦樂交織，既有艱辛的汗水，也有勝利的喜悅。2022 年巴西世界錦標賽，龍子健在級別鑑定上評為 BC1 級，並在巴黎殘奧會上向着這個級別獎項進發。龍子健自幼患有痙攣（腦癱）而影響說話能力，說話表達上也需要教練或身邊隊友「翻譯」，在今次訪問中，他透過王葉礎教練轉述，提到巴黎殘奧會個人賽 BC1 級的金牌，為他帶來很大成功感，多年的硬地滾球訓練，終於以成績獲得外界認可，確實值得欣慰。

龍子健回憶巴黎殘奧會時說：「今次巴黎賽事，自己沒有想得太多，只專心打比賽，盡能力發揮本身應有水準。在整個賽事過程中感到很放鬆，跟來自世界各地的選手有交流，說說笑，讓自己輕鬆上陣。」他坦言，能贏得殘奧會金牌實屬難得，尤其上屆東京殘奧會未能取得參賽資格，因此格外珍惜這次機會。

在巴黎殘奧會上，龍子健最深刻的是四強時與印尼球手的比賽，他以往多次不敵這位印尼選手，但這次子健首局以 1:0 領先，更一度領先優勢到 4:1，雖然對手最後一局連取兩分，但子健最終以 4:3 險勝，躋身決賽，可謂一雪前恥。身為港隊征奧「四朝元老」，龍子健在決賽以 4:1 擊敗韓國球手 Jung Sungjoon，贏得運動員生涯首面金牌，他在比賽中的心理狀況轉變，確有助他出賽時的發揮。「在出發巴黎前，我曾經諮詢香港體育學院運動心理輔導師，解決自己一直以來比賽時心情緊張的問題，他教我看一些激勵人心的劇集，既可分散注意力，亦可令自己爭勝決心更大。」

在以往比賽中，最困擾龍子健的是手拋出滾球問題，本身因痙攣影響身體張力，往往遲遲都未能出球，形成心理上的壓力，繼而影響表現及成績，他回想那段掙扎期，真的十分孤獨無助。作為腦癱病患者，要控制手腳協調，絕對不是一件容易的事，何況在講求戰術及技巧性這麼高的硬地滾球比賽？在整個出球時間改善過程中，子健下了不少功夫，不斷提醒自己在數「一、二、三」後便要果斷拋球，他笑言為此與隊友定下規矩，若於訓練中多於三下仍未發球，需要請其他隊友食零食，以迫使自己在發球思考時間縮短。子健巴黎奪金，事前練習可謂有很大幫助。

低谷與重生

1999 年加入中國香港代表隊，龍子健在隊中資歷可謂與「六朝元老」梁育榮不相伯仲，子健稱隊內所有隊友及教練都對他很好，但說到最老友，阿榮肯定是知心夥伴，而 2014 年後重返港隊行列，阿榮正是關鍵契機。「可能與梁育榮年紀相若，大家思想上也很相似，而我 2014 年一次在阿榮家中聚餐時，記得當時郭克榮教練也在場，他們說服我回到代表隊中，自己那時並不知道如何推辭，最後答應了。」他笑着補充：「起初想着只是回來參與練習，沒有想過日後要爭取到甚麼成績。」子健憶述，他於 2009 年曾經放棄硬地滾球，主要原因是發球時受到身體張力限制，感到沮喪，離開中國香港代表隊後，便釋放壓力了。

命運的轉折往往始於不經意的瞬間，如果沒有 2014 年在梁育榮家中的那頓飯局，龍子健運動員生涯就不會改寫了，而一手挽回子健運動事業的郭克榮教練，對這位老將不離不棄，亦疼愛有加。子健年少時已認識郭教練，有趣的是，他要比郭教練還要早三個月加入中國香港隊。若說郭教練是龍子健運動生涯的守護者，那麼王葉礎教練便是他近年來最重要的戰友，兩人就像朋友一樣，由於子健接觸硬地滾球資歷更深，王教練起初擔任義工時，反而是子健反過來指導王教練投球技巧，兩人的深厚感情就是如此

龍子健在硬地滾球項目中進行示範。

建立起來。

香港特區政府於 2017 年 12 月推出「殘疾運動項目精英資助先導計劃，令運動員得以全職投入訓練，龍子健亦轉型為全職運動員。他回想以往未以全職殘疾運動員身份練習時，遇上不少難題。「車程可說是最難捱時刻，由於硬地滾球隊在 2015 年前未正式進駐香港體育學院，沒有固定練習場地，運動員要四處訓練，主要場地在太子界限街及沙田，要帶着器材在晚上七點至九點訓練，一星期三、四次，實在是一件頗辛苦的經歷。」

現在，龍子健居住於香港體育學院宿舍內，訓練時毋須再舟車勞頓，絕對有助他在比賽上發揮得更好，宿舍完善的無障礙設施，讓他能夠最大限度地自主生活 —— 從日常起居到簡單家務，他刻意透過上下牀等動作來鍛鍊身體協調性與肌肉力量，將復健融入生活點滴。目前，相關義工只會一星期一晚協助子健處理無法完成的家務，包括洗衣等，他已盡量做到自我照顧。

未來，仍在滾動

作為在中國香港隊服役 26 年的資深運動員，龍子健親身見證了殘疾運動員社會地位的戲劇性轉變。「早年殘疾運動幾乎無人關注，現在媒體報道多了，公眾對我們的認識也更深了。」他感慨道。這次巴黎殘奧會期間，他明顯感受到香港市民對殘疾選手的支持度大幅提升，而自己奪金後獲得的社會認可，更讓他體會到這種變化的深刻意義。

除了競技成就，巴黎之行還為子健帶來意外收穫。完成比賽後，放鬆的心情讓他得以結識許多新朋友，特別是熱情的賽事義工。「賽後我們仍透過社交平台保持聯繫，這讓我的社交圈擴大了不少。」他笑着說。這些人際互動不僅豐富了他的生活體驗，更讓他感受到殘疾運動員正逐漸打破社會隔閡，真正融入主流視野。

儘管已在硬地滾球賽場征戰逾二十載，龍子健轉戰 BC1 級別卻僅是這兩三年的事。這位新科冠軍目光如炬，已為自己立下清晰目標 —— 不僅要在年底舉行的第十二屆全國殘疾人運動會暨第九屆特殊奧林匹克運動會上再創佳績，更期盼與港隊戰友們在 2028 年洛杉磯殘奧會攜手奪得團體賽入場券，以團隊之力爭奪更多榮耀。思維清晰的龍子健稱不會因為巴黎之旅成功而自滿，甚至會自我警誡不要囂張，要繼續進步，保管好心中那團火。正是這種自律與自愛，相信榮獲 2024 年最佳男子殘疾運動員獎項的子健，成功之路只是剛剛起步。龍子健在 2025 年 7 月獲政府頒授銅紫荊星章，以表揚他為香港殘疾運動作出卓越貢獻。

龍子健（前排中）第四度征戰殘奧會，終於在男子 BC1 級硬地滾球個人賽決賽中贏得金牌。

彌補過往遺憾

謝德樺於巴黎殘疾人奧運會上，於硬地滾球 BC3 混合雙人賽中勇奪金牌。

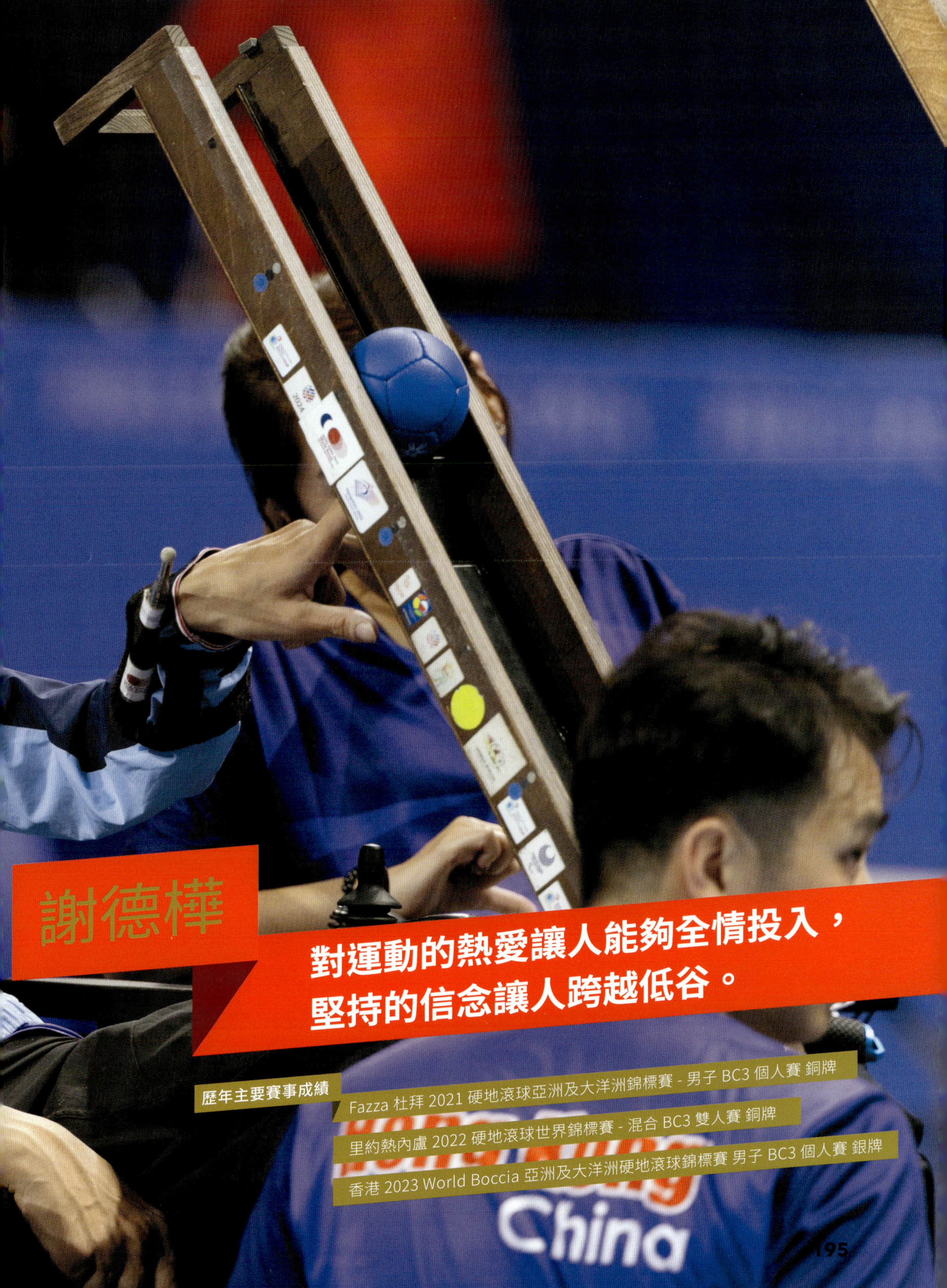

謝德樺

對運動的熱愛讓人能夠全情投入，
堅持的信念讓人跨越低谷。

歷年主要賽事成績

Fazza 杜拜 2021 硬地滾球亞洲及大洋洲錦標賽 - 男子 BC3 個人賽 銅牌

里約熱內盧 2022 硬地滾球世界錦標賽 - 混合 BC3 雙人賽 銅牌

香港 2023 World Boccia 亞洲及大洋洲硬地滾球錦標賽 男子 BC3 個人賽 銀牌

硬地滾球代表隊賽後興奮合照。

現年 40 歲的謝德樺於去年巴黎殘疾人奧運會上，與好隊友何宛淇成功在硬地滾球 BC3 混合雙人賽中攜手勇奪金牌，兩人彌補了三年前東京殘奧會與獎牌擦身而過的遺憾。這枚金牌不僅是謝德樺第二次參加殘奧就取得的佳績，更為他二十多年的中國香港代表隊生涯寫下最亮麗的篇章。回首這段漫長旅程，謝德樺經歷過無數高低起伏。從初出茅廬到站上最高頒獎台，每一場比賽、每一次訓練都見證着他的苦與樂。

廿載堅持

謝德樺與硬地滾球的緣分始於 2002 年一場學校比賽，當時教練認為他有潛質發展硬地滾球運動，便邀請他加入代表隊。2003 年，他正式加入中國香港代表隊接受訓練，而 2021 年東京殘奧會是他首度亮相這個運動員最大舞台，所以他稱當屆累積下來的比賽經驗，確有助他於巴黎上發揮得更好，雖然最後無法在銅牌戰勝出，但這些寶貴的比賽經驗為他奠定了重要基礎。

對於這次巴黎之旅，謝德樺指出今次有香港電台直播比賽，令更多香港市民在電視機面前支持代表隊，對他而言是更大推動力，讓他爭取獎牌填補三年前的空缺，而這次成功衝金，對謝德樺來說，是對過去努力的最佳回顧，所以這枚金牌對德樺而言的含金量甚高。運動員奪獎光榮一刻，市民可以透過電視直播與選手一同感受勝利喜悅，只是背後辛酸，觀眾或者未必領略得到，謝德樺在出發巴黎半年前，便因為大賽即將來臨，心情開始緊張起來，所以他自稱越接近賽事，狀態反而未必處於最好，縱使三年前已有出戰殘奧會經驗。

鬥智鬥力的比賽

硬地滾球不僅是一項鬥智的運動，謝德樺坦言，這也是各國運動員之間，競爭適應比賽場地的項目。每個賽事的場地設計和搭建，都可能影響滾球的行走路線與力度。以去年在巴黎的比賽場地為例，該場地建在約 10 厘米高的地台上，並設有八個比賽場地，主色調為紫色。德樺形容，適應這樣的環境需要與時間競賽。比賽場地使用的是膠墊，而平時的練習主要在木地板上進行。這次主場館的練習時間只有四節，每節一小時，熱身的時間遠不足夠，因此適應新場地成為了一大考驗。

BC3 級別的硬地滾球比賽，需要教練或管道助理員為選手將滾球放上管道，然後由運動員發球，重複出球動作，成為選手練習時必然要做的事，需不時與教練或隊友討論戰術，經歷一次又一次的試位，從而訓練出球技術。謝德樺獨自練習時也有孤獨感覺，幸而德樺最後也能克服，使自己在殘奧會舞台上發光發亮。

在硬地滾球中，每個球需要滾出五百至六百次，才能進入最佳狀態，因此，每場比賽需要使用的滾球數量，也顯示出運動員重複出手的頻率。熟能生巧，謝德樺憑藉平時的訓練，對滾球的皮質表面相當熟悉，這使得他在選擇比賽用球時，能夠更加得心應手。不過，滾球會否如自己所願，滾出一條理想路線從而得分，比賽環境影響性也大，謝德樺談及 2023 年中國杭州亞洲殘疾人運動會賽事上，與巴黎殘奧會的比賽時間不同，始終亞洲地區較為炎熱，比賽場地多附以空調作賽，這會令滾球行走路線時速度會更快，而巴黎場地因使用膠墊，對滾球造成阻力，所以運動員在調校滾球速度方面的適應，下了不少功夫。

黃金默契

謝德樺談及巴黎上奪金的兩位拍檔，隊友何宛淇及教練兼管理助理員劉煒麒，直言與他們的溝通很重要。「劉煒麒很清楚我的要求，令我可以在戰術運用時更多變化，他猶如一顆定心丸，我倆透過長時間建立默契，包括一起觀看比賽影片，研究投球的細節等。」最讓謝德樺動容的是，劉煒麒在出發巴黎前知道家人重病的消息，卻仍堅持陪同參賽。「那一刻，我暗自下定決心一定要贏得獎牌，來回報他的付出。」奪金後，兩人共享慶功晚餐，這不僅是勝利的喜悅，更是一份承諾的兌現。這面金牌，凝聚了團隊間最真摯的情誼與相互扶持的精神。

至於與何宛淇之間的關係，謝德樺表示他們是同鄉，不僅在球場上配合無間，更因相似的成長背景而心意相通，彼此的想法十分接近。除了在訓練中互相切磋，他們還經常討論比賽的細節和戰術運用，甚至在練習後一同進餐，增進隊友之間的友誼，同時提升默契。

香港硬地滾球組合何宛淇（前排左三）與謝德樺（前排右三）在巴黎殘奧會混合 BC3 級雙人賽勇奪金牌，於頒獎台上與團隊合照，展現香港隊的輝煌成就。

溫暖的力量

對於金牌背後，謝德樺最想感謝的人是母親，回憶起求學時期，母親最初對他投入硬地滾球運動並不贊同，擔心會影響學業，但久而久之，媽媽看得出他對硬地滾球的熱誠，母親漸漸轉變態度，最終成為他最堅實的後盾。而她的愛心湯水亦使德樺艱難訓練的日子得到滋潤。以往，德樺訓練時都有復康巴士接載，但始終一邊讀書、一邊練習，時間緊迫，一星期上學五天，而練習時間則三天，早出夜歸，造成追趕功課上進度頗為辛苦。正是這段「蠟燭兩頭燒」的經歷，磨練出他後來在賽場上展現的堅毅與時間管理能力。

縱使運動員發展之路從來都不易，謝德樺與其他選手一樣，需要到其他國家比賽，搭長途飛機也是一種障礙。「基於自理能力問題，很多時出外參加不同賽事搭長途飛機，也要輔助員幫手，大家都知道航機走廊通道狹窄，空間有限，要上洗手間也遇上一定難題。有時會到南美洲國家比賽，就要先到歐洲地方再轉機，路途之遙遠，長時間在航機上，對行動不便的殘疾人來說，困難更大。」

像謝德樺般需靠輪椅的殘疾運動員，並不是只有出外比賽才遇上困難，在香港生活上，他與很多輪椅人士一樣，遇上港鐵站壞升降機，便花上更多時間才到達目的地。「像回香港體育學院訓練，萬一火炭站出現壞升降機情況，便要坐車到大學站，再到對面月台回到沙田站出口，然後利用輪椅到體院，當中用上的時間真的以倍計算。」

無悔堅持

謝德樺坦言，選擇硬地滾球這條路，他從未後悔。對運動的熱愛讓他能夠全情投入，即使日復一日的訓練充滿枯燥與艱辛，甚至曾讓他萌生退意，但最終，堅持的信念讓他跨越低谷，使二十多年的運動員生涯至今仍熠熠生輝。回首過往，他深信自己當初的選擇無比正確。

未來數年，謝德樺仍然會專注在硬地滾球運動項目上，尤其今年底有全國第十二屆殘疾人運動會暨第九屆特殊奧林匹克運動會，2026 年亦有日本名古屋亞殘運會，而德樺最終目標就是要在 2028 年美國洛杉磯殘奧會上，奪得個人賽獎牌，始終今次巴黎殘奧會，個人賽項目於小組便止步，未能晉身淘汰賽，故洛杉磯殘奧會的目標，希望使自己運動員生涯成就更為圓滿。

運動員身份以外，謝德樺想到如果有朝一日退出運動員生涯，可能會重返資訊科技行業，始終以往也接觸過這個行業，只是這行變化大，很多事物日新月異事物，現今也說是人工智能（AI）世界，他自言若想到退役後生活，必需要投入更多時間於 IT 科技上。退役後的轉型雖具挑戰，但對這位在賽場上經歷磨練的選手而言，或許正是另一個展現毅力的舞台。謝德樺在 2025 年 7 月獲政府頒授銅紫荊星章，以表揚他為香港殘疾運動作出卓越貢獻。

謝德樺與隊友何宛淇輕鬆互動的溫馨畫面，見證隊員間的默契與友誼。

兌現三年之約

何宛淇

不論自己有甚麼能力，也要貢獻社會。

歷年主要賽事成績

- 里約熱內盧 2022 硬地滾球世界錦標賽 - 女子 BC3 個人賽 銅牌
- 杭州 2022 亞洲殘疾人運動會 - 混合 BC3 級雙人 銀牌
- 香港 2023 World Boccia 亞洲及大洋洲硬地滾球錦標賽 - 女子 BC3 個人賽 金牌

中國香港硬地滾球代表選手何宛淇，於巴黎殘疾人奧運會女子 BC3 級硬地滾球個人賽決賽中奪得金牌。

2024 年巴黎殘疾人奧運會上，中國香港硬地滾球代表成員何宛淇創造歷史，一舉奪得 BC3 級個人賽及混合雙人賽雙料金牌，不僅為中國香港代表團增添殊榮，更將自己的運動生涯推向巔峰。這份輝煌成就，源自 2021 年東京殘奧會失利後與團隊立下的三年之約 —— 如今在巴黎賽場上，她用兩面閃耀的金牌，完美兌現了當初的承諾。

巴黎雙金奇蹟

何宛淇患有先天性脊髓肌肉萎縮症，肌肉隨着年月過去而退化，最終需要以輪椅代步。起初，她對硬地滾球不太有興趣，參與這項運動更多是為了充實升學履歷。然而，身體的障礙從未限制她為自己的生命增添色彩，2008 年加入中國香港硬地滾球代表隊後，去年第三度出戰殘奧會，終於實現金牌夢，這不僅是個人巔峰，更是兌現了三年前東京殘奧失利後的承諾。回首 2021 年東京殘奧會賽場，於準決賽及銅牌戰均不敵強手，與獎牌擦身而過，特別是與謝德樺的銅牌戰最終賽敗，完全出乎意料。

追夢，有時就是要抱着永不放棄、永不認命那口氣。從東京到巴黎這三年間，何宛淇坦承在心態上調節了很多，以往太過執著比賽勝負，忽略了訓練時技術的根本。出發巴黎前，她在心理準備上做了充分的準備，希望在比賽時更加集中精神。「東京殘奧之後，我覺得自己心態上成長了很多，以往重視成績結果，但比賽場上勝利者只有一位，那是否意味其他選手沒有努力過？甚至等於輸掉整個人生？那當然不是。」她決定更加專注於技術的發揮，檢視自己是否能將平時訓練的成果展現出來。「硬地滾球就像一個佈局，我在比賽中時會抽身，回想比賽佈局、思考對手策略，東京比賽之後我在這方面會有較多鑽研。」

何宛淇回想巴黎賽場上熾熱氣氛，先在女子個人賽八強戰擊敗泰國選手，成功衝破以往心理關卡，取得四強資格，而宛淇對這場準決賽過程相當難忘，面對着韓國選手姜順喜，頭兩局打成 1:1 平手，之後兩局宛淇拿到三分，結果贏 4:1，躋身決賽，坐銀望金。「韓國選手在世界硬地滾球是數一數二強敵，很多時是他們勝出，所以自己當時心情非常緊張。不過，我與

何宛淇在女子硬地滾球個人賽決賽中獲勝後，與教練兼丈夫李榮傑深情擁吻，感動的瞬間成為賽場上的美好回憶。

Jet（李榮傑）賽前準備做足，在遠赴巴黎前，曾經自費到過台灣觀看排名賽，特意錄下亞洲球手的比賽過程，知己知彼。最終的結果證明了策略是成功的。」

策略大師

何宛淇在四強戰擊敗姜順喜，喜極而泣，但她知道還有決賽需要備戰，故不斷控制自己情緒，冷靜出賽。最後，何宛淇於決賽以 4:2 力克當時世界排名第九位的澳洲好手莉遜奪金，亦是個人殘奧首面獎牌，而乘着拿下金牌氣勢，她於 BC3 混合雙人賽與好隊友謝德樺合作，她形容當時心情依然緊張，幸有隊友的分擔壓力，兩人發揮互相補位精神，最後決賽以 5:3 戰勝韓國組合，成功與謝德樺填補了三年前東京殘奧失落的銅牌空缺。

何宛淇在以往出戰各項賽事中得到不少獎項，吸引不少香港市民成為何宛淇的粉絲，而她在出戰巴黎期間，在社交平台收到很多粉絲的鼓勵說話，使她更有動力出賽。當然，不論高山低谷，家人的支持都非常重要，包括了丈夫兼教練李榮傑。「很感激家人的支持，當我每次回家後有湯水、美味餸菜享用，已經很足夠，他們這種支持令我可以繼續向前。我有不開心或煩惱時，會向丈夫傾訴，雖然未必解決到事情，但起碼有人分擔心情。」她還感謝其他機構的協助，例如香港體育學院提供場地予運動員練習、中國香港殘疾人奧委會的職員，還有教練、物理治療師等，都在背後默默付出。運動員的生活雖然看似簡單，但背後有許多人在支持，這也是運動員的一種幸福。

在 BC3 混合雙人賽，何宛淇再次與謝德樺合作，這對於他們來說是一個重要的機會。三年前的東京殘奧會銅牌戰失落而回，讓他們更加渴望在巴黎不再與獎牌擦肩而過。「剛開始合作時，因德樺說話表達上有困難，所以大家在言語溝通上的確花了不少時間磨合，而我是一個性格心急的人，因此後期的協調中，我也努力轉變，學習了解德樺的想法。」她認識到，兩人在比賽中對局勢的看法可能會不同，這是每個人都有的盲點。因此，在訓練時，他們會共同表達各自的打法方向，並多從對方的角度看問題，這樣的改變在東京殘奧會之後變得更加明顯，讓他們的比賽過程更加圓滿。這種增進溝通和理解的努力，為他們在巴黎的比賽奠定了良好的基礎。

何宛淇與謝德樺雖然有時會獨自練習，但共同訓練時間也不少，兩人會研究及模擬對手打法，多作不同局勢嘗試，這提高了他們的腦部和肌肉協調，到真正比賽時自然地發揮出來。

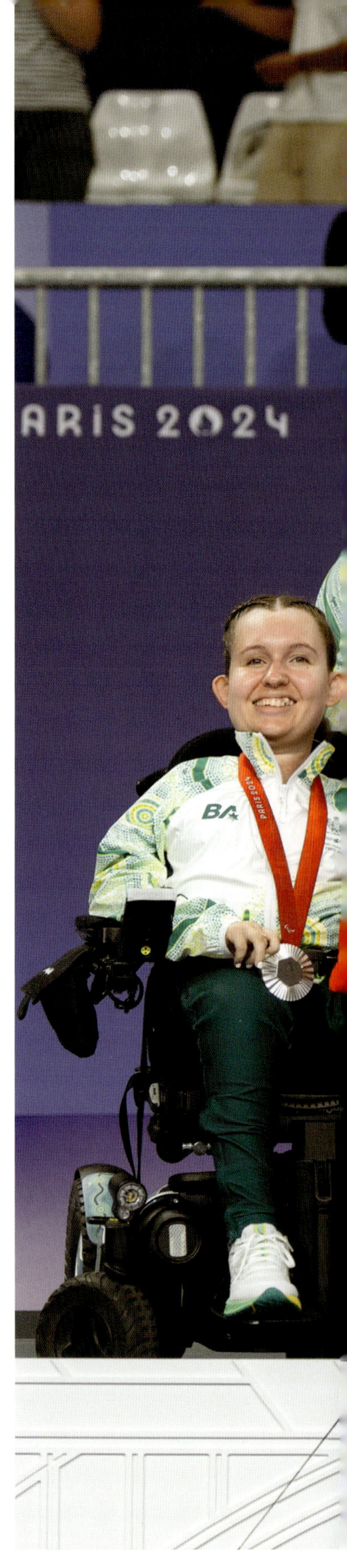

何宛淇獲得硬地滾球個人賽金牌。

無障礙社會願景

中國香港殘疾人硬地滾球隊於巴黎賽場上取得佳績，點燃市民對這項運動的熱情。何宛淇稱有市民跟她分享，以往東京殘奧會時，他們只知道比賽規則，但觀看了巴黎殘奧會比賽直播後，對選手的出球和部署有了更深入的理解。

談及香港無障礙環境的進步，她指出現在香港社會多了不少無障礙設施予殘疾人士使用，包括巴士設有斜板讓輪椅使用者上落，港鐵亦配備了升降機，這些都是向建立無障礙社會邁進的重要進步。這讓她想起童年與父親出遊的時光：「小時候，喜歡攝影的父親會在假日帶我出去四處遊玩，但每次都花費不少時間於公共交通工具上，搭巴士每次也需要最少等半個鐘，甚至更長時間，可能到達目的地已是下午。我那時想，日後會不會有較多便利殘疾人士的設施，鼓勵更多殘疾人士走出家門，欣賞這個世界呢？」

何宛淇喜愛攝影及咖啡，所以現在也喜歡與丈夫 Jet 一齊拍照，兩人常在 Instagram 分享探訪咖啡廳的點滴，透過鏡頭記錄不同國家的咖啡文化。在她經營 Instagram 專頁之前，她亦有開設 YouTube 頻道，為同路人推介合適餐廳等，而她在奪得殘奧會金牌後，亦計劃設立獎學金幫助殘疾人在內的弱勢社群，希望回饋社會。她表示：「不論自己有甚麼能力，將來也要貢獻社會，特別現在有點成績，希望能給予回饋。」何宛淇和丈夫成立的愛共融慈善協會 Love Inclusion Charity Association Limited 為非牟利慈善機構，以「愛無分你我，共融創未來」為宗旨，透過平台讓不同層面的人連繫一起，致力於推動社會共融，締造平等機會。

「人生從來無法完全預設。」何宛淇在訪談中真摯分享。她特別感謝當年勇於嘗試硬地滾球的自己，正是這個決定，讓今日的她能活出璀璨人生。對於有志投身這項運動的年輕殘疾朋友，她以過來人身份鼓勵，不妨先踏出嘗試接觸這項運動第一步，培養出興趣來，在運動與學業中取得平衡，以及永遠要給予自己備選方案，始終沒有事情是一帆風順。這份務實的智慧，正是她多年征戰賽場的體悟。何宛淇在 2025 年 7 月獲政府頒授銅紫荊星章，以表揚她為香港殘疾運動作出卓越貢獻。

何宛淇與李榮傑雙雙舉起獎牌，笑容流露心中喜悅。

PARIS 2024
PARIS 2
HONG KONG
CHINA
HONG KONG
CHINA

六戰殘奧的榮耀

有能力的人應繼續追夢，保持初心，隨自己所願順勢而行，便不會後悔所做之事。

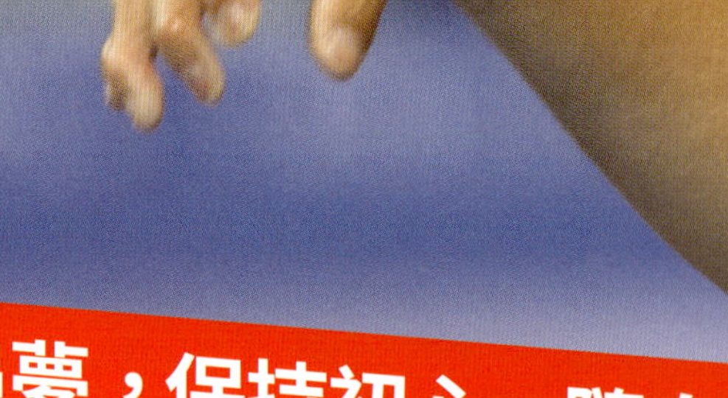

梁育榮

歷年主要賽事成績

雅典 2004 殘疾人奧運會－ BC4 級個人賽金牌、BC4 級雙人賽金牌

里約 2016 殘疾人奧運會－ BC4 級個人賽金牌

東京 2020 殘疾人奧運會－ BC4 級個人賽銅牌、BC4 級雙人賽銀牌

香港硬地滾球選手梁育榮，出戰在巴黎殘奧會男子硬地滾球個人賽事。

現年 40 歲的梁育榮。去年以香港硬地滾球代表隊「老大哥」姿態，第六度踏上殘奧會殿堂。這位身經百戰的沙場老將，在巴黎殘奧會上再次展現他不凡的實力與毅力。然而，屬於他的傳奇尚未落幕 —— 他仍渴望再戰兩、三屆殘奧會，用更多獎牌為自己輝煌的運動生涯譜寫更完美的終章。

從紙團到金牌

小時候的梁育榮，因為先天性多發性關節彎曲的影響，小息只能留在課室，為了打發時間，他和同學們向垃圾桶拋紙團，比試眼界，沒想到這個毫不起眼的遊戲，為阿榮日後的硬地滾球生涯埋下伏線。「對於拋紙團的準繩度，我的確有點天份，雖然那時候不是百發百中，但起碼有八、九成命中率吧，回想起來，當中技巧與硬地滾球有點相似。」

在巴黎賽事上，梁育榮參戰男子 BC4 級別個人賽，最終於八強賽不敵英國球手麥佳亞，未能晉級爭獎牌階段，但他在混合 BC4 級雙人賽，夥拍年輕球手張沅，最終打入決賽，與哥倫比亞兄妹組合 Edilson Chica 和 Leidy Chica 爭奪金牌，最終因對手發揮極佳，梁育榮與張沅以銀牌作結，為中國香港硬地滾球代表隊於巴黎空前佳績寫下歷史其中一頁。「哥倫比亞組合是世界第一，在決賽發揮可謂超水準，我和張沅都覺得輸得服氣，只好以後再努力一點，再衝擊金牌。」

梁育榮坦言，對自己在巴黎的發揮相當滿意，自 2004 年開始出戰殘奧會，他已六度參賽，個人獲得七面獎牌，足以在殘奧會歷史上留下光輝一頁。不過，阿榮出發巴黎前所面對的壓力也不少。「賽前都有少許壓力，因為我之前的世界錦標賽未能取得獎牌，如果想保住香港體育學院甲 + 級運動員身份的話，就要在殘奧會上有所成績，贏得獎牌。最後我達成目標，這對我未來四年的運動員生涯都很有幫助。」

永不言敗

據香港體育學院的殘疾運動項目精英資助的評核準則，全職精英甲 + 運動員的標準每月資助有 3.4 萬港元，條件包括在殘奧會取得獎牌，或者在世界錦標賽、世界盃總決賽取得獎牌，兼且名列三份之一名次，若然未能在殘奧會奪牌，只得第四至第八名，就會被列為精英甲級，全職每月資助降為 2.42 萬港元。因此，雖然梁育榮未能在世錦賽中衝擊獎牌，但能在巴黎一戰摘得銀牌，確實為他未來四年的生活提供了不少保障。

在去年殘奧會上，中國香港硬地滾球代表隊總共取得 3 金 2 銀成績，「大師兄」的梁育榮與同在隊中有深厚資歷的龍子健，最終成功登上頒獎

梁育榮（右）與楊曉林（左）於示範活動中展現硬地滾球技術。

梁育榮和張沅在巴黎殘疾人奧運會混合 BC4 級雙人賽中獲得銀牌。

台。阿榮表示，自 2015 年起，代表隊有固定場地訓練，隊內成員可以於香港體育學院專注練習，毋須像以往一樣與市民共用康文署場地，團隊不用再為訂場而煩惱，的確對香港硬地滾球發展上有很重要影響。

正如龍子健一樣，梁育榮自 2002 年便加入中國香港代表隊，經歷過四處練習的日子，旺角界限街、將軍澳及沙田，都是硬地滾球代表隊當年沒有「歸宿」下經常要到的場地。「下班後等復康巴士逐一接送，抱着練習用的球上車，一般練習是晚上七時至九時，但來回車程則用上三小時，基本上過了晚上十一時才回到家中已經是平常事。」

在 2004 年希臘雅典殘奧會，年僅 19 歲的梁育榮一戰成名，先後於個人賽及雙人賽 BC4 級勇奪雙金，再於 2016 年的巴西里約熱內盧個人賽BC4級再次贏得金牌，殘奧會的佳績，使阿榮曾經連續兩年獲勞倫斯體育頒獎禮提名為「年度最佳殘疾運動員」。儘管在雅典獲得空前成功，但2012年的英國倫敦殘奧會卻面對獎牌落空的殘酷現實，失落感難以言喻。轉機出現在2014年北京的世界錦標賽，阿榮與雙人賽拍檔劉慧茵合作奪金，自己亦在個人賽勇奪金牌，成功再次於大賽中勇奪「雙金」，這場勝利不僅讓他走出低谷，更為兩年後的里約殘奧埋下伏筆 —— 2016年，他用一面沉甸甸的金牌，向世界完美詮釋了永不言敗的運動精神。

背後的無名英雄

今次巴黎之旅，中國香港殘疾運動員獲得大量香港市民的支持，梁育榮也感激市民熬夜觀看比賽，甚至在比賽期間現場打氣，亦有在社交平台發鼓勵訊息，使這位殘奧會「六朝元老」深受感動，更有動力爭取好成績。阿榮希望日後傳媒報道殘奧會以外的各類比賽，進一步提升市民對殘疾運動員的關注。

除了市民的支持，阿榮也感謝隨行照顧者的無私幫助。照顧者的付出使運動員保持好狀態，在場上有更好發揮。他希望除了支援獎牌運動員外，其實香港仍有很多投身運動行列的殘疾人士，正默默付出時間與努力，他們亦需要照顧者的幫助，盼今次巴黎後，可喚醒外界對殘疾人士照顧者重要性的認識，實現一對一的關注。「現時隊內全職教練只有三、四位，但運動員則有十位，未必應付到每個人需要，希望特區政府能撥出更多資源，聘請全職照顧者協助出外比賽，讓運動員比賽時無後顧之憂。」

在出發巴黎前，梁育榮早已確定這屆殘奧會不會是他最後一屆參賽，他會繼續在這個運動員最高舞台上角逐，而今年底的第十二屆全國殘疾人運動會暨第九屆特殊奧林匹克運動會，中國香港硬地滾球隊將會主場出擊，他亦期望賽事的來臨，始終主場比賽可令更多香港市民認識硬地滾球，而他亦會以個人賽及雙人賽的獎牌，作為參賽目標。

未完的征途

從2004年開始，梁育榮在每一屆殘奧會都能取得殘奧會入場券，這絕非易事，除了要一直在硬地滾球上保持高水準發揮，堅定的意志也很重要，而作為中國香港代表隊的「獎牌王」，阿榮渴望參加多兩、三屆殘奧會，有能力的人就該繼續追夢，保持初心，隨自己所願順勢而行，這樣就不會對自己所做的事感到後悔。

人生能有幾度征戰殘奧會的機會？身為「六朝元老」的梁育榮，似乎也難以給出確切答案。從巴黎回港後，他心中那團競技之火仍未熄滅，畢竟硬地滾球受到年紀影響的限制較少，而早出道的阿榮今年才四十歲，運動員要走的路途依然很長。的確，隨着世界各地球手新秀輩出，這門運動的競爭性必然更大，但對於熟能生巧、經驗豐富的阿榮來說，無論是單槍匹馬征戰個人賽，或是與拍檔張沅雙劍合璧，在未來數屆殘奧會、亞殘運會乃至世錦賽的舞台上，必能繼續再創傳奇。機會，永遠眷顧那些永不言退的勇者。

熱血動漫運動魂

楊曉林

我希望可以在硬地滾球路途上，為目標前進，做一個不惜一切的自己，尋回初心。

歷年主要賽事成績

羅馬 2022 硬地滾球世界挑戰賽 - 混合 BC1/2 團體賽 金牌

杭州 2022 亞洲殘疾人運動會 - 女子 BC2 級個人賽 金牌

香港 2023 World Boccia 亞洲及大洋洲硬地滾球錦標賽 - 女子 BC2 個人賽 金牌

楊曉林在巴黎殘疾人奧運會出戰女子個人賽 BC2 級個人賽，勇奪金牌。

中國香港硬地滾球代表隊的楊曉林，年僅 31 歲便已在國際賽場上綻放光芒。2023 年杭州亞殘運會上，她以淩厲之勢奪得 BC2 級個人賽金牌，世界排名更一度高居榜首。然而，正因賽前戰績彪炳，巴黎殘奧會上，外界對她的期待如潮水般湧來，無形中化作肩上重擔。最終，這位世界冠軍在心理與技術的微妙平衡間稍失準繩，與獎牌擦肩而過。

壓力與成長

楊曉林的人生因早產缺氧導致大腦麻痺（痙攣）而註定與眾不同，卻也因硬地滾球而綻放異彩。她初中時候因一次參與國際硬地滾球體育聯會（BISFED）的周年比賽，精湛的表現吸引了場邊教練的目光，便邀請她加入球隊訓練。她於 2009 年進入中國香港硬地滾球代表隊，接受正統訓練，同年出戰日本東京亞洲青少年殘疾人運動會，贏得首面硬地滾球金牌，而 2012 年隨代表隊遠赴倫敦，首次參加殘奧會，隨後 2016 年往巴西里約熱內盧及 2021 年在日本東京的兩屆賽事，亦有參與其中。

今次到巴黎是曉林第四次出戰殘奧會，她表示是次出賽最為難忘，因為硬地滾球項目在殘奧會首次分開男、女子比賽外，六名出戰的中國香港硬地滾球代表隊選手中，只有她與獎牌無緣。「今屆比賽社會關注代表隊的程度更高，外界及隊友都有很高期望。」在這樣的情況下，她感受到巨大的心理壓力。雖然她相信自己的能力，但在比賽中的表現卻不如預期。「我認為分組賽中，我只發揮了平時表現的五成，而八強一役更只有平時的兩成。」這讓她感到失落，但也成為了未來努力的動力。

楊曉林於女子個人賽 BC2 級小組賽取得兩連勝，首名晉級八強，進入淘汰賽面對英國球手泰格，結果以 2:3 不敵對手止步。雖然楊曉林在巴黎舞台無緣獎牌，但她仍然為隊友們的獲獎感到高興。「看見團隊中的成員獲獎，我當時心中百感交集，但我告訴自己不能這麼自私，不想讓自己的失落情緒影響到他們。所以當時我選擇笑着去祝賀，這是團隊的共同喜悅，更是硬地滾球隊的重要時刻！」

在硬地滾球這條征途上，楊曉林從不孤單，她在隊內經常得到隊友支持，包括龍子健和張沅等好隊友，大家不時互相鼓勵，而曉林的家人也透過電視直播觀看她在巴黎的比賽，成為她征戰賽場最堅實的後盾。隨着香港電台轉播巴黎殘奧賽事，市民從中對這項運動多了認識，曉林直言 2021 年東京殘奧會時，仍有部分香港市民混淆硬地滾球及草地滾球，而今次巴黎殘奧會，香港電台亦有直播比賽，而曉林認為與健全奧運會相比，直播時間始終有所不足，希望今後能較多關注殘疾運動員的比賽，透過深度報道，讓大眾

楊曉林專注於硬地滾球的訓練。

真正理解殘疾運動員的奮鬥故事。

儘管在巴黎賽場上未能站上頒獎台，楊曉林的眼神依然閃爍着堅毅的光芒。「我覺得最自豪的是，在運動員生涯中經歷了這麼多屆殘奧會，自己仍然有份參與，雖然參賽成績都只在第五、第六名徘徊，但我會堅持繼續向殘奧獎牌進發，希望打破宿命！」

熱血動漫魂

楊曉林從小喜歡日本動漫。2022 年，經典籃球漫畫《男兒當入樽》推出最新電影《The First Slam Dunk》時，曉林與朋友特意入場觀看。這部由井上雄彥創作，已有 30 多年歷史的作品，充滿熱血奮鬥的故事，讓身為運動員的曉林深受感動。而當中安西教練的一句話：「要是放棄的話，比賽就等於結束了。」成為曉林在殘奧會上繼續追逐獎牌的動力。

「《The First Slam Dunk》是在 2022 年比賽前入戲院觀看的，我特別喜歡宮城良田這個角色，而我從電影中看到一班人朝向相同目標進發的好處，努力為團隊完夢。以龍子健為例，他在硬地滾球路上這麼多年都沒有退步，這種堅持自然會帶來突破。」

提到日本漫畫，楊曉林的硬地滾球運動員生涯也與經典運動漫畫《六三四之劍》有關。這套由村上紀香創作的作品是講述劍道故事，當中熱血的劇情促使曉林要投入運動員行列，努力為將來創造佳績。在 2021 年，她在杜拜參加亞洲及大洋州錦標賽，季軍賽以 4:3 險勝韓國球手 Soyeong Jeong 勇奪金牌，而 2023 中國杭州亞洲殘疾人運動會，再次擊敗這位韓國選手摘金，之後同年在亞洲及大洋州錦標賽的決賽，擊敗印尼球手 Gischa Zayana 再與金牌結緣，證明她的水準在亞洲，甚至世界都是頂級。

「世一」背後的清醒

在 2022 年世界盃巴林站，楊曉林於女子 BC2 級贏得金牌，賽後令她登上世界第一寶座。不過，曉林回想起這個「世一」稱號時，坦言雖然讓更多人認識了她，但實質上沒帶來甚麼改變，只是多了一個稱號而已，甚至始終有一日會失去這個名銜，因為世界各地球手都會不斷地進步。對曉林而言，真正的價值不在排名數字，而在於持續突破自我的過程。

在日常生活中，楊曉林需以電動輪椅代步，有時會遇上不方便情況。「每次返香港體育學院訓練，必需經過港鐵火炭站出入，如果遇上壞升降機，就得要返回沙田再駛輪椅回目的地。另外，出外比賽難免需要坐長途機，我們上洗手間並不似健全人般輕易，所以在座位上也不會亂動，盡量留在原位上，十多小時的航程中，大部分時間坐着，其實都是一件不容易的事。」

尋回初心

經過巴黎之旅的經驗後，楊曉林未來計劃重整旗鼓，日後盼在體能方面作出調整，而心理訓練也是她希望針對的課題，她希望通過意志訓練，使自己更加堅韌，保持着心中那團火不會熄滅。在訪問當天，筆者正好穿上了一件印着「79:78」比分的衛衣，而楊曉林一看便知就是《男兒當入樽》最後交代的比賽，湘北戲劇性反勝山王工業的賽果，她凝視着這個數字，眼神漸漸亮了起來：「正是這個比分告訴我們，即

楊曉林在巴黎殘疾人奧運會女子個人賽 BC2 中成功晉級八強。

使落後最後也可能反勝，所以我希望可以在硬地滾球路途上，為目標前進，做一個不惜一切的自己，尋回初心。」

對中國香港硬地滾球隊而言，2025 年是充滿挑戰與機遇的一年。隊伍已先後征戰 5 月至 6 月舉行的亞洲及大洋洲錦標賽，以及世界錦標賽系列賽。年底的第十二屆全國殘疾人運動會暨第九屆特殊奧林匹克運動會，包括楊曉林在內的代表隊選手，在主場出擊下定必爭取好成績，用精彩的表現回饋香港市民一直以來的支持。

TOYOTA
1403
Yuen CHEUNG HKG
PARIS 2024

「升呢」進步哲學

張沅

不懂面對失敗是一件很危險的事。

歷年主要賽事成績

- 里約熱內盧 2022 硬地滾球世界錦標賽 - 女子 BC4 個人賽 銅牌
- 蒙特利爾 2023 硬地滾球世界盃 - 女子 BC4 個人賽 金牌
- 蒙特利爾 2024 硬地滾球世界盃 - 混合 BC4 雙人賽 金牌

張沅出戰巴黎殘疾人奧運會，於女子硬地滾球個人賽決賽中榮獲銀牌。

張沅在去年首度踏上巴黎舞台便綻放異彩，一舉摘下硬地滾球 BC4 級個人賽及雙人混合賽兩面銀牌。回首十多年的運動員生涯，她沒有刻意強求獎項，只是順應時勢，讓殘疾運動員這條路自然鋪展。這份通透的領悟，恰是她從容前行的智慧。

雙銀背後

張沅於六歲第一次接觸硬地滾球這項運動，當時她就讀小學一年級。到中學三年級，她參加了一次課外活動，被現任中國香港硬地滾球代表隊總教練郭克榮發掘，於是在 14 歲正式接受正規訓練。對於去年巴黎殘奧會，首度出賽立即連取兩面銀牌，她在巴黎比賽過程中，與其他中國香港殘疾運動員一樣，得到各方支持。張沅形容巴黎比賽場館空間較細，形成球手與觀眾距離接近，除了從香港來到巴黎的打氣團外，當地的香港人亦有到來觀戰，甚至不少義工也為球手打氣，這是令張沅最為印象深刻。「每當打出一個好球時，現場的廣東話歡呼聲真的很大，雖然賽前會想到有香港人撐場，但雄亮的打氣聲真的讓我感到驚訝，就算是比賽失利，都一樣有鼓勵聲音。」

運動員需要更多支持，才能夠有動力取得好成績，甚至在選手生涯之路繼續前進，張沅覺得今次巴黎之旅最窩心的，除了是現場的香港人為她打氣，家人的全力支持更是最堅實的後盾。「家人全程透過電視直播關注我的比賽，賽後立刻傳訊息祝賀我奪銀，還細心詢問比賽細節。」更讓她驚喜的是，在比賽的空檔時間，有一位來自英國的香港人義工主動與她攀談，兩人相談甚歡。「這位原本負責划艇項目的義工，後來還特地來觀看我的決賽，為我加油打氣。」這份萍水相逢的情誼在賽後持續發酵 —— 聖誕節時，張沅意外收到對方透過協會轉交的聖誕卡，成為本屆殘奧會最珍貴的紀念之一。

首度征戰殘奧會便闖進兩項決賽，張沅雖與金牌擦肩而過，但雙銀牌已經是相當了不起的成績。在個人賽與雙人賽，她稱個人賽壓力較大，尤其是巴黎賽場上，決賽時整個場館只得一場比賽，而自己選擇不需要教練在節與節之間休息時指導，看着對手接受教練提點，那刻確有點孤獨感覺，也是一次特別經驗。「在個人賽決賽上表現，我覺得自己戰術比較保守，自問發揮亦不算太好，相信之後需要克服緊張的心理關口，也是日後得需針對的課題。」

張沅（前排左一）於硬地滾球個人賽榮獲銀牌。

戰友與羈絆

雙人混合賽上，張沅與好拍檔「老大哥」梁育榮合作，成功獲得銀牌成績。她很早就已經認識「阿榮」，兩人默契很好，也了解對方想法。「我與阿榮 2005 年已經認識，我入讀特殊學校時，正是他畢業的那一年，當時不是太熟悉，直至我轉全職運動員，我們相處多了默契也隨之提升。」張沅提到：「我們有一個同共話題，就是玩遊戲機！最記得是當時玩《寵物小精靈》(Pokémon Go)，我們相約出來，四處捉精靈，有時亦都會約食飯，這些活動增進了我們的默契。」她回憶起自己小五時參加的一項正向活動，當時需要在其他人面前演講約半小時。老師建議她以硬地滾球為題目，並邀請阿榮回來支持她。張沅表示，事前並不知道阿榮會來，這讓她感受到像有一位大哥哥在背後支持自己一樣，這段經歷讓她更加珍惜與阿榮的合作與友誼。

張沅於巴黎上勇奪雙銀牌，令其知名度提升不少，她也承認在殘奧會後，在街上受到更多香港市民的關注，不少陌生人對她說出鼓勵說話，她感覺高興之餘，也深刻體會到比賽爭取成績的重要性，始終外界對運動員關注度，與成績是最直接相關，這也是對選手的一種認可。

敗戰教會我的事

當 2023 年出戰中國杭州的亞洲殘疾人運動會，張沅與梁育榮於 BC4 級金牌戰上，不敵中國組合林細妹與鄭遠森，摘下銀牌。張沅對這場決賽很深刻，因為自己太緊張，發揮上未盡如意，所以痛失金牌。「我賽後其實躲在一邊哭泣，覺得自己心情太緊張，以致影響發揮。」這次挫敗成為重要的轉折點。張沅主動尋求運動心理學家的協助：「我之後積極找運動心理學家調節心理狀況，令自己在各方面思考更多，我覺得亞殘運就如考模擬試一樣，正是這些經驗，讓我在巴黎比賽時能更從容應對各種狀況。」

然而，獎牌的背後，運動員付出的努力自然不可忽視。張沅指出，硬地滾球雖然是一項鬥智項目，但同時需要良好的手腦協調能力。張沅今次巴黎兩個項目都進入決賽，為期八天的比賽讓她身心俱疲，尤其是腰部及手關節的損耗明顯，這些都是運動員奪獎背後，不為人知一面。她特別感謝隨行的物理治療師，表示他們在比賽中提供了很大的幫助。「我的肌肉量不算充足，使用腰部和手的力量會更多。物理治療師給予我健身拉筋繩，幫助舒緩肌肉的酸痛。在比賽期間，我也曾出現頭痛的情況。當然，隨行照顧者的支持也不可或缺，外出比賽時沒有家人的照料，就需要依賴他們的協助。」

電玩啟示錄

張沅是一位性格內向的運動員，在休息時間都會留在家中打 Switch 遊戲機，尤其是對任天堂的主打遊戲《瑪利歐賽車》、《薩爾達傳說》和《斯普拉遁》(Splatoon) 特別鍾愛，主要是這些遊戲自由度較高。除此之外，平時亦喜歡閱讀及觀看 YouTube 頻道，在緊張比賽同時可放鬆一下心情，而張沅出賽前都有一個習慣，就是會玩數獨，希望稍為分散一下緊張情緒，繼而再投入比賽中。

張沅在硬地滾球個人賽決賽神情專注。

在巴黎激戰連場過後，張沅不僅重新投入訓練，還利用去年的聖誕假期與家人一同前往澳門旅遊，始終兩場決賽花費了不少精神和意志，偶爾去鄰近地區遊玩，舒緩一下壓力，對日後賽事爭取更好成績都會有幫助。未來日子，今年底的第十二屆全國殘疾人運動會暨第九屆特殊奧林匹克運動會，還有之後的世界錦標賽，都是張沅爭取獎牌的目標賽事，而 2028 年的美國洛杉磯殘奧會，會是她的長遠目標，未來兩、三年會繼續全身全職投入硬地滾球訓練。

「不懂面對失敗是一件很危險的事。」張沅這句鏗鏘有力的自白，道盡頂尖運動員的必修課。每個人的路途上總會有高低起伏，對她來說，巴黎雙銀的榮耀背後，是兩場決賽失利的苦澀。對她而言，承受與金牌擦肩的遺憾，遠比想像中更需要勇氣。相信 2023 年杭州亞殘運雙人賽冠軍戰經歷，令到張沅心態上成熟了不少，而她今年才 26 歲，運動員生涯尚有漫長的路要走，正如她熱愛的電玩遊戲，每過一關就讓角色「升呢」，累積經驗，不論技術層面或是心理質素，讓人確信這位年輕選手必將在未來的賽場上，闖出更耀眼的成績。張沅在 2025 年 7 月獲政府頒授榮譽勳章，以表揚她為香港殘疾運動作出卓越貢獻。

第8章

馬背上的戰略

馬術

馬術

與奧運會的馬術三項賽不同，殘奧會馬術比賽只包括盛裝舞步。盛裝舞步是考驗騎手與馬匹默契的一項運動。騎手的表現根據他們騎行的準確性和品質、馬匹在步態轉換和停止時的行為、藝術技巧以及其他方面來進行評判。盛裝舞步最初是一種治療方法（參與者會從與馬匹的互動中受益），也是一種休閒活動。該運動的首場比賽是在 20 世紀 70 年代舉行的。然而，直到 1996 年亞特蘭大殘奧會，盛裝舞步賽才被納入到殘奧會。盛裝舞步不分男女作賽，而所有五個級別的騎手亦會一起比賽。中國香港運動員謝佩婷獲得 2024 年巴黎殘疾人奧運會參賽資格。

級別鑑定

骨科疾病、截肢、四肢癱瘓、偏癱、腦癱、退行性神經系統疾病、神經系統障礙和視力障礙。

等級劃分

字母：Grade（傷殘等級）

數字編號

1 到 5

比賽規則

殘疾人盛裝舞步比賽項目包括個人賽、團體賽（騎手們表演一套固定的舞步）以及個人自選動作賽（每位騎手都有獨特的表演，他們可以選擇自己的舞步和音樂）。每個級別個人賽前八名的運動員才有資格參加個人自選動作。根據需要，騎手可以使用特殊的設備，如改裝的鞍座、皮帶和馬刺。

三十年馬術情緣

陳世健 總教練

2013 年，陳世健（Bee Sir）成為香港首位考獲英國馬術協會資深教練（BHSI）資格的教練，也是亞洲第二人。這位經驗豐富的馬術專家曾代表香港出戰 1998 年曼谷亞運會、2001 年新德里國際大賽及 2010 年廣州亞運會，並在 2008 年北京殘奧開始擔任香港隊教練。去年巴黎殘奧，他再度陪伴謝佩婷（Natasha）完成第四次奧運征程，用專業與堅守，續寫着香港馬術運動的動人篇章。

香港馬術開拓者

中國香港殘疾人馬術代表隊今次出戰巴黎，特別分成兩小組協助謝佩婷備戰，陳世健教練就在香港擔當訓練及支援角色，確保運動員在赴英集訓前做好萬全準備，以便在短時間內與參賽馬匹建立默契，從而在巴黎爭取好成績。陳教練對謝佩婷可謂相當了解，由 2014 年帶領 Natasha 到法國比賽開始，一直在其馬術運動員生涯陪伴着她。深知 Natasha 因先天性腦麻痺影響四肢協調，Bee Sir 總會依據她的身體狀況量身定制訓練計劃，在追求競技表現的同時，更注重她的身心適應。這份細緻入微的指導，正是師徒間最珍貴的默契。

陳世健教練指出，由於謝佩婷身體狀況較弱，因此訓練時會着重於馬匹動作，以加強運動員的身體協調性。此外，還會再在其他練習上加強她的體能及核心肌肉，例如通過器械和游水等額外訓練，目的就是要令 Natasha 在馬匹上，不僅能夠準確執行指令動作，更重要是能穩固坐在馬背上，避免意外受傷。

市民在欣賞馬術項目時，可能以為只是馬匹在運動，但其實運動員同時付出一定體力，尤其像謝佩婷的殘疾運動員，Bee

歷年主要賽事成績

荷蘭克羅寧堡 2024 殘疾人盛裝舞步三星賽

英國威靈頓 2024 殘疾人盛裝舞步三星賽

比利時瓦雷根 2023 殘疾人盛裝舞步三星賽

每次出賽若然能取得佳績，選手就能從中建立信心。

sir 平時訓練 Natasha 時將重點放在比賽持久力的提升，雖然每次比賽出場可能只是約十分鐘，但若然備戰不足，很容易令運動員墮馬受傷，甚至出現畏高情況。「在出賽前的熱身時間很重要，應該在 20 至 30 分鐘前便要開始，目的是令運動員在馬匹上有更好持久力。每次出賽若然能取得佳績，選手就能從中建立信心，始終自信需要時間累積，我們不應讓運動員有太多挫敗感。」

師徒緣

經過多年與謝佩婷的合作，陳教練欣喜地看到 Natasha 在馬匹上的自信心有顯著進步，正所謂「沒有不可能」，Natasha 面對先天缺陷的情況下，仍然能踏上成功運動員之路，絕對不簡單。陳教練回憶起以往，曾經見證謝佩婷過分着重比賽成績，當戰績未如理想時，Natasha 會感到非常失望，但正如 Natasha 訪問所言，她現在更懂得享受比賽過程，不給予自己太大壓力，相信 Bee sir 也感受到她的成長與變化。

陳世健以往訓練過許多健全選手，到執起殘疾人馬術騎手教鞭時，其實面對不少難題。「因為 Natasha 的先天缺陷，腦部與身體的反應有別於其他人，很多時坐在馬背上會出現一些不由自主的細微動作，所以要用騎手獨有方法，配合他們所需，幫助她在某些弱項得到提升。」他指出，物理治療師的角色在這過程中至關重要，因為他們負責制定針對性或恢復性的訓練計劃。教練團會透過錄下運動員騎馬的視頻，甚至乎利用電子馬收集數據，務求將訓練工作做得更精準。謝佩婷出戰去年巴黎殘奧會上，陳世健稱為她選擇合適馬匹也遇上很大挑戰，需要選取一匹體型不要太大，較為輕盈，而柔軟度較高的馬匹，太敏感的馬匹不合適 Natasha，以避免因細微動作而接收錯誤指令。

比賽心理學

陳世健指出，健全運動員與殘疾人騎手在馬術運動上的差異明顯。健全運動員有時會抱持一種駕馭馬匹心態，特別是對馬匹落下指令後，仍然沒有作出適當反應時，會加大力量強行完成某個動作，運用本身的技巧控制馬匹，故有時馬匹會更容易接受這種騎法。

Bee sir 提到比賽環境絕對影響馬匹臨場發揮，甚至影響騎手對現場的感知。以今次巴黎殘奧會的比賽場地為例，除了比較空曠外，各式各樣不同擺設，對騎手來說也會產生不同感覺，Bee sir 解釋，謝佩婷認為今次比賽有別於其他賽事，其中場地裝飾已經是騎手一個顧慮因素，加上天氣，風速，甚至現場觀眾聲音等環境客觀因素，完全會影響運動員及馬匹表現。

陳世健巧妙地以小朋友出席入學面試作為例子，形容運動員每次出戰馬術比賽情況。他認為，面試前就算是練習了一百次，但正式面試時環境稍有不同，如地方空間，人數上多少，甚至面試問題差異，都很大機會影響小朋友發揮，而馬術運動正正存在很多臨場因素，影響馬匹及運動員當天發揮，以往可能練習很多次，僅僅是少許的改變，得出成績會有很大差異。

2014 年，陳教練帶着謝佩婷到法國比賽，那次的經歷讓他印象深刻。整個過程中，他全程貼身支援 Natasha，協助她在比賽爭取佳績。陳教練稱這次以一個策略性部署每個備戰細節，因為到歐洲比賽，當地馬匹適應天氣環境會較佳，故 Bee sir 透過人脈，為 Natasha 在歐洲各地借用馬匹出賽，在借馬過程中要與馬主溝通，從而了解馬匹性格，當然要馬主願意借出他的馬匹，溝通技巧最重要。這種借馬出賽方式，無論比起在亞洲地區運送馬匹到歐洲的費用，以及馬匹適應環境上，借馬都會是更具經濟效益和成效的選擇，同時是一項極大挑戰。

同一賽道上

陳世健從事馬術運動已經 30 年，作為馬術運動員出身，他在教導謝佩婷時經常分享自己以往的比賽經驗。對於 Natasha 來說，這不僅在技術上有助於改進，也在心理素質上帶來了巨大幫助。大家同在一條「賽道上」貢獻青春與時間，兩人也顯得十分投契，所以 Bee sir 直言與 Natasha 有種亦師亦友的感情。當自己曾經在馬術運動上取得相當成就，他也希望自己教導出來的學員，同樣可以走向成功之路。

當然，在香港發展馬術運動絕對不是一件容易的事，陳世健認為，香港雖然有雙魚河馬術中心及屯門馬術學校作為訓練運動員場地，但最大難題是本港甚少大型

陳世健由 2014 年開始擔任謝佩婷教練，師徒情逾十年。

殘疾馬術比賽，選手在累積比賽經驗上，往往需要遠赴海外參賽，尤其殘疾運動員，經常舟車勞頓到歐洲比賽，這對於他們的體能來說是一項相當大的考驗，單是搭飛機過程每次都需要十多小時，對她們來說無疑充滿挑戰。

巴黎殘奧後，Bee Sir 特別關心謝佩婷的傷勢恢復，但更令他欣慰的是 Natasha 對馬術始終不減的熱情。「未來掌握在自己手中。」訪問尾聲，這位恩師送上誠摯祝福，期待愛徒繼續在馬術道路上發光發熱。

馬背上的生命之光

謝佩婷

透過與馬匹配合，令人生充滿色彩，從中更了解到自己長處所在，

歷年主要賽事成績

- 英國威靈頓 2024 殘疾人盛裝舞步三星賽 - 大獎賽 A 組試 - 級別 I - 盛裝舞步個人賽 第 4 名
- 英國阿丁頓 2024 殘疾人盛裝舞步三星賽 大獎賽 A 組試 - 級別 I - 盛裝舞步個人賽 - 第 6 名
- 荷蘭克羅寧堡 2024 殘疾人盛裝舞步三星賽 - 大獎賽 B 組試 - 級別 I - 盛裝舞步賽 第 5 名

謝佩婷出戰巴黎殘疾人奧運會馬術 I 級盛裝舞步個人賽。

我不介意畢生都貢獻在馬術
運動上。

自出生起，謝佩婷便與手術室為伴，歷經無數常人難以想像的醫療煎熬。然而，這位中國香港殘疾人馬術隊的勇者，始終以如陽光燦爛的笑容面對生命挑戰。如今，她再度代表中國香港征戰殘奧會，在馬背上馳騁的身影，不僅展現驚人的意志力，更綻放着令人動容的生命光芒。

傷健策騎治療

四歲那年，謝佩婷（Natasha）開始了傷健策騎治療的旅程，誰能想到這竟成為她日後站上巴黎殘奧會舞台的起點。自幼被診斷為先天性腦性癱瘓的她，因肌肉繃緊及過度條件反射，四肢活動嚴重受限。在醫生建議下，謝媽媽帶着女兒嘗試各種運動治療，最終，馬術這項需要人馬合一的運動，意外成為改變 Natasha 生命的契機。去年巴黎殘奧，已是她第四度代表中國香港出賽。從當年的治療課程到如今的競技舞台，這份與馬術的不解之緣，見證着一個女孩如何戰勝身體限制，在馬背上找回生命的自主權。

從 2012 年倫敦殘疾人奧運會，走過 2016 里約熱內盧，2021 年的東京，到去年巴黎殘奧會，轉眼間與不同馬匹相處，謝佩婷認為最重要是與馬匹之間的溝通，先了解馬匹性格，然後利用不同的指令，令自己策騎時更得心應手。今次出戰巴黎殘奧，Natasha 坦言自己並不是在最佳狀態。「在出發到英國備戰時，自己着鞋弄傷了背部，而且休息時間亦不多，加上心理壓力，導致到背部傷患一直不好，到巴黎時痛楚情況仍沒有好轉，險些不能出賽，幸得香港賽馬會的醫療團隊及物理治療師的治理，才得以順利參與比賽。」

巴黎征戰

謝佩婷在巴黎賽場騎上馬匹馬會雋姬（Jockey Club Juno's Whispering Angel）參加盛裝舞步個人賽第一級，最後得分 66.833 分，在 22 名參賽選手中排第 15 位，雖然始終未能踏上頒獎台，但其背後所付出努力，值得香港市民給予更多鼓勵。事實上，在 Natasha 備戰期間一直砥礪前行，曾經出現發燒、咳嗽等病徵，而且給自己的心理壓力也很大，加上備戰時間緊迫，與馬匹配合只有數個月時間，故她指出今次出戰巴黎殘奧會，自己狀態也非最佳。然而最意想不到的是，Natasha 賽前忘了帶備穩固在馬匹腳踏上的橡筋，使整個團隊要慌忙解決。「那條橡筋很重要，因為我的腳沒有力踩實馬匹腳踏，必須要用橡筋固定，結果全團人幫我四出尋回。」她愧疚地回憶，「雖然當時自己身體很不適，但帶齊裝備是我的責任，當刻要勞煩這麼多人，也感到不好意思。」

儘管身體狀況欠佳，謝佩婷仍堅持完成巴黎賽事，這份堅毅確實令人敬佩，而她賽後患上感冒，最後未能出席閉幕禮，是今次巴黎之旅的一個遺憾。不過，謝佩婷能夠勇敢騎上馬匹參賽，家人及團隊人員現場支持，可謂給予她出賽力量，她特別感謝父母長年來的陪伴，以往經歷過大大小小手術，爸爸媽媽並不是每次都能陪伴進入手術室，而這種經常進出手術室經歷，使 Natasha 往後也不時發惡夢，重現獨處手術室時的驚恐時刻。「最痛苦應是進行大手術前打麻醉針，因為手術可能長達 12 個小時，在手術往後的五、六年也經常夢回當日情況，甚至冒冷汗下驚醒，所以我現在會對自己說，怎樣也不再進入手術室，那種經歷確實是太痛苦。」

謝佩婷出戰巴黎殘奧
馬術I級盛裝舞步賽。

人馬合一的藝術

相比起以往參加殘奧會馬術賽，謝佩婷的心態已經發生了顯著變化。曾經，她對自己的期望和壓力巨大，希望能夠獲得更好的成績；而現在，她更希望享受比賽的過程。這一心態的轉變顯示出這位 28 歲的殘疾運動員的成熟。雖然出賽的壓力依然存在，但她不再過於看重最終的成績，這讓她更能體現馬術比賽「人馬合一」的美，將壓力變成動力。壓力每個人都有，在於怎樣去面對與釋放，Natasha 稱會看書及聽歌，現在更會練習瑜珈運動，甚至會在家中大吼，也是一種舒緩壓力方法，她特別鍾情李慧詩的著作《身上的每道傷疤》:「李慧詩的故事最令我身同感受，我看了這本關於她的書本很多次，她也是全身傷患處處，甚至動過手術，但仍然堅持下去，我十分欣賞這點，當然還有她奪獎無數的成就。」

在超過十年的馬術代表隊生涯，謝佩婷的足跡遍佈全球賽場。去年的巴黎殘奧會賽場，那種如皇宮般的華麗佈置是她以往參加比賽少見。談及「人馬合一」境界，Natasha 分享通常與馬匹合作三年以上才建立到真正默契，了解到馬匹性格。「當明白到該馬匹性格，便可作出不同指令控制，指令的強度很重要，使馬匹接收到我的訊息，從而做出相應動作。就以今次巴黎殘奧會的拍檔為例，因為只相處了數個月，我不得不嘗試更多溝通方式，所以會與馬匹說話，甚至拍牠的馬頸作溝通，希望在發揮上會更好，始終自己是殘疾人士，身體協調上不能做到太仔細，那在踢腳上、甚至韁繩減慢馬匹速度等指令上盡量做得更好。」

築夢未來

謝佩婷與馬匹配合已成為她人生中重要部分，從治療性質開始騎在馬背上，到出國參加比賽，她坦言自己的身心健康也向好的方面發展，甚至幻想以馬匹成為她日常生活中的交通工具。回到現實生活上，Natasha 基於身體上的缺陷，去年開始不時需要用輪椅代步，外出時，她經常遇到窄路或燈柱阻礙，尤其上下樓梯幾乎不可能。「基於我曾患上大腦痲痺，行路會不穩定，縱然堅持 20 多年都不用輪椅代步，但近數個月真的開始需要了，而香港並不是每區都有無障礙設施，有時遇上一些燈柱，需要繞路過，甚至乎路面不平坦，駕駛輪椅時也怕會跌倒。」她還提到，因為趕時間，有時需要在家裏出發搭的士前往目的地，但也曾遇到拒載的情況，這些都使輪椅生活變得相當不便。

即使身為殘疾人士，謝佩婷仍懷抱着考取馬術教練牌照的夢想，期盼將這項改變她生命的運動精髓傳承下去。在馬術運動員生涯中，Natasha

謝佩婷在比賽中露出笑容，挑戰個人盛裝舞步賽事。

稱透過與馬匹配合，令到她的人生充滿色彩，從中更了解到自己長處所在，所以不介意畢生都貢獻在馬術運動上，在這條路上持續精進。

當然，Natasha 在馬術運動與很多人結下不解緣，也遇上不少幫助她的人，包括香港賽馬會，以及眾教練團的一路支持；而在殘奧會上亦認識到各國選手，擴闊人際關係圈子，這或許就是人與人之間的微妙關係。未來或許很艱難，但難關總有期限，Natasha 以往面對大小不同難關，都一一衝破，最後更可圓夢繼續出戰殘奧會，的確未來有很多不確定性，甚至有不少聲音認為她到外國生活會較有利在馬術項目發展，但她仍選擇扎根香港。相信她以樂觀心態面對逆境，在未來日子定可找到冀盼。

蔡健斌 先生

香港特別行政區政府
文化體育及旅遊局體育專員

2024 年法國巴黎殘疾人奧運會上，中國香港代表團能夠取得三金四銀一銅共八面獎牌，表現耀眼，成績令人振奮。中國香港運動員能夠跨越身體局限，在運動場上展現百折不撓的體育精神，作為香港人也感到驕傲，而香港特區政府在殘疾人士運動發展一直增加投放資源，以支持運動員，並希望各運動員在未來在國際舞台上有更大成就。

預算體育開支超過 1.3 億

2024 至 25 財政年度，特區政府在支援及推動殘疾人士體育發展的預算開支超過 1.3 億元，較五年前增幅超過四成，而中國香港運動員能夠在巴黎殘奧會舞台上取得自 2012 年倫敦殘奧會以來的最佳成績，正正反映政府投放資源在殘疾人運動方面及資源分配得宜及支援方向正確的道路上。特區政府與各方面保持緊密合作，包括香港體育學院（體院）、體育總會及中國香港殘疾人奧委會（香港殘奧會），並且提供針對性的全面支援以培訓及選拔殘疾運動員，協助他們在國際大型賽事中，發揮潛能及提升競爭力，爭取佳績。

事實上，特區政府自 2017 年開始透過體院推出「殘疾人運動項目精英資助制度先導計劃」，由體院為全職及兼職殘疾運動員提供直接財政資助及其他包括運動科學與運動醫學、住宿和膳食等支援服務。體院現時支援約 110 名殘疾運動員，當中 56 名為全職運動員、8 名兼職運動員，以及具潛質的運動員。在 2025 年 3 月，體院完成檢討運動員（包括殘疾運動員）的直接資助機制，以更能優化殘疾運動員的培訓階梯，體院自 2025 年 4 月 1 日起為精英殘疾運動員引入「成年隊」的資助級別，以吸引

中國香港殘疾人奧委會第一屆級別鑒定研討會的嘉賓、支持機構代表、講者、中國香港殘疾人奧委會代表合照。

更多殘疾人士投身運動員行列。在資助殘疾運動員備戰和參加大型國際運動會 / 全國運動會及各項高水平賽事上，會透過「體育資助計劃」提供資助予相關體育總會，以支持體育運動的推廣及發展。

至於香港殘奧會亦是特區政府密切的工作夥伴，在特區政府協助下，香港殘奧會於 2022 年 4 月正式成為一個獨立機構，特區政府向香港殘奧會提供恆常撥款，以資助其職員、辦事處及活動開支。在成為一個獨立機構後，香港殘奧會可以更集中及有系統地為殘疾運動員提供支援，包括處理有關殘疾人運動級別鑑定的事宜、推廣及發展不同種類的殘奧運動項目等。

為特殊學校提供康體活動

至於在社會各界方面，要達到「傷健共融」效果，特區政府都有多項措施推動殘疾人士多參與體育活動及推動傷健共融理念。康文署舉辦的訓練班及康體活動歡迎殘疾人士按自身的興趣及能力選擇參加，另外亦提供指定體育場地供合資格團體可優先預訂非繁忙時段的場地，康文署推出「學校體育推廣計劃 (特殊學校)」，為全港特殊學校提供康體活動，計劃在配合學校的日常運作下進行，讓全港特殊學校的學生在課餘時間可參與多元化的體育活動。

特區政府亦和其他機構合作，務求安排更多切合殘疾人士需要的體育活動，其中，特區政府文化體育及旅遊局（文體旅局）和香港殘奧會及其他體育總會合作推行康體外展服務及教練培訓計劃，方便殘疾人士在工場或中心進行體育活動以及培訓更多能指導殘疾人士進行體育活動的教練。康文署亦透過與相關體育總會合作，舉辦專為殘疾人士而設的活動，並在全港推出「殘疾人士體育訓練計劃」及免費的體育訓練課程，包括親子體操、身心伸展、羽毛球、滾球、地板曲棍球、乒乓球、水中健體、輪椅網球、游泳、現代舞、徒手健體及八段錦等項目，供殘疾人士參與。

至於特區政府在殘疾運動的普及化課程，希望有更多基層殘疾人士參與的工作上，除了之前提及的各式康體活動及計劃，特區政府亦推行以下措施：康文署在全港運動會舉辦適合殘疾人士參加的比賽項目，例如輪椅三人籃球比賽、智障人士游泳比賽、智障人士乒乓球比賽及硬地滾球比賽等。此外，康文署於其文康資訊網上學習平台「寓樂頻道」增設「關愛專頁」，提供一站式平台，讓殘疾人士和有需要人士可輕鬆瀏覽以他們為對象的康樂活動等資訊。至於康文署轄下所有主要體育設施，包括體育館、游泳池、運動場、度假營、水上活動中心、香港大球場及旺角大球場，均提供無障礙通道和設施；大部分公眾泳池均設有無障礙升降台或斜道，以輔助殘疾人士進入池內。

此外，康文署一向致力推廣普及體育，為不同年齡及體能的市民提供多元化的康體活動。這些活動均公開讓所有市民報名參加，殘疾人士可按自己的興趣、體能及活動的要求選擇參與。為了鼓勵更多殘疾人士積極參與康體活動，養成勤做運動的習慣，康文署會為殘疾人士及其陪同者（最多一名）提供優惠收費，讓他們租訂康體設施及參加康體活動，以鼓勵殘疾人士把體育活動融入日常生活中。

支持年度殘奧日等活動

中國香港殘疾運動員在巴黎殘奧會上，取得閃耀成績，公眾對他們的支持相當重要，也因此對殘疾運動員的認知上增強不少，而政府支持香港殘奧會舉辦的不同活動包括年度香港殘奧日，又或在不同大型綜合運動會中，設置奧運及殘奧會大型展覽裝置等。香港殘奧會舉辦「I'mPOSSIBLE 沒有不可能」殘奧運動教育計劃，透過於學校舉辦各項活動，令學生認識殘疾運動，促進傷健共融精神，而康文署會聯同有關殘疾人士機構推行「普及健體運動——殘疾人士健體計劃」，鼓勵殘疾人士參與體育活動。

另外，不得不提政府在 2021 年東京

文化體育及旅遊局局長羅淑佩女士（左七）、常任秘書長沈鳳君女士（左六）、全國運動會統籌辦公室主任楊德強先生（左五），以及體育專員蔡健斌先生（左一）均親身到場支持全港最大型殘疾運動體驗日——香港殘奧日 2024。

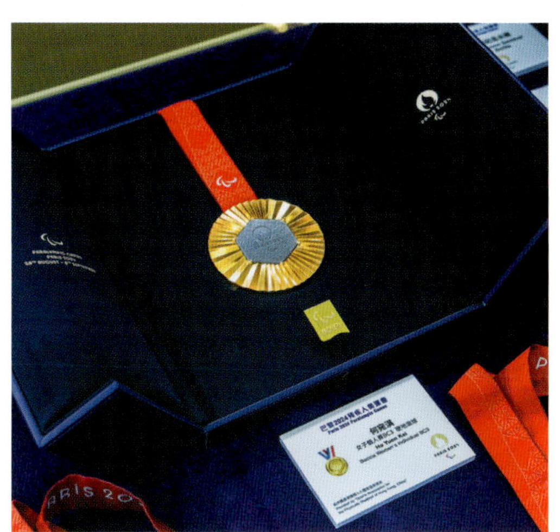

香港殘奧日向公眾展示何宛淇於巴黎 2024 殘疾人奧運會奪得的金牌。

香港殘奧日設有運動項目體驗，圖為殘疾人空手道項目。

「I'mPOSSIBLE 沒有不可能」殘奧運動教育計劃，蘇樺偉到校向學生分享。

殘奧會及 2024 年巴黎殘奧會連續兩屆購入播映權，並安排香港持有免費電視牌照的商業廣播機構及香港電台直播或轉播殘奧會，讓全港市民能在電視上免費觀賞的殘奧會比賽，從而更深入加強公眾對殘疾運動的認知與支持，為國家和香港的殘疾運動員打氣。

體育產業在全球正熾熱發展中，而且相當蓬勃，政府會鼓勵商業機構在體育界包括殘疾體育事業的參與，善用市場資源推動業界發展，例如有機構透過設立獎勵計劃表彰在國際賽事中獲得佳績的運動員。政府樂見有更多商業機構投入資源支持殘疾人體育發展。

鼓勵體學雙軌發展

運動員的生涯是很短暫，他們往後的人生路上如何發展，特區政府也為他們提供保障，包括已成立香港運動員基金為現役及退役運動員提供教育進修經費，退役運動員在進修的同時亦可獲得生活資助，基金及後增加獎學金以支援精英運動員體學雙軌發展，並增加全職精英運動員退役時可獲得的現金獎勵。此外，體院一直為運動員（包括殘疾運動員）提供量身定制的教育及個人發展支援，提供包括學習指導、技能學習、職涯發展及社交等資源，讓他們專心訓練時，亦可持續進修和開拓發展其他事業的機會。

蔡健斌專員與本書記者梁國威在專訪中，交流體育產業最新發展。

為進一步支援退役殘疾運動員，文體旅局與香港殘奧會合作，在 2023 年 6 月推出「殘疾運動員就業及教育先導計劃」，希望透過這個計劃協助殘疾運動員在知識、技能和生涯規劃方面裝備自己，幫助他們在退役後融入社會和開展「第二事業」，這樣可以減少他們的顧慮，讓他們可以全心全意投入訓練和比賽，集中精神提升技術水平，爭取佳績。計劃為殘疾運動員在就業、教育與生活技能三方面提供支援，包括在就業方面設立針對專業和工作技術而提供相應工作面試技巧的工作坊、工作配對、實習生計劃，以協助他們未來的轉型發展；在教育方面提供教育獎學金、進修基金，讓他們繼續進修；在生活技能方面設立各種培訓課程，幫助他們在退役後的轉變適應或個人發展。

去年巴黎殘奧會，對香港代表團來說得到難能可貴的經歷，亦從中累積寶貴的經驗以備戰未來的比賽。對於香港未來舉辦大型國際賽事，例如在即將舉行的第十二屆全國殘疾人運動會暨第九屆特殊奧林匹克運動會，香港既會派代表團參賽，亦會承辦四個競賽項目。政府會做好一切事前準備，為運動員提供最適切的支援。最後政府會繼續為殘疾運動員提供各方面適切的支援，協助他們發揮潛能和提升競爭力，在大型國際賽事中盡展所長，爭取佳績。期待香港運動員發揮主場之利，在即將舉行殘特奧會中取得卓越成績！

鳴謝以下單位支持中國香港代表團出戰 2024 年巴黎殘疾人奧運會：

贊助商

保柏有限公司
國泰航空有限公司
FILA HONG KONG
劼科生物科技有限公司
日清食品有限公司
SmarTone Solutions
屈臣氏蒸餾水

特別鳴謝

香港特別行政區政府 文化體育及旅遊局
香港特別行政區政府 康樂及文化事務署
香港體育學院
中國香港馬術總會
中國香港智障人士體育協會
中國香港傷殘人士體育協會
九龍巴士（一九三三）有限公司
中國工商銀行（亞洲）
中華基督教會基順學校
香港馬主協會
香港夏利酒店
香港賽馬會
香港鐵路有限公司
黃廷方慈善基金有限公司
顧積善堂慈善基金
研路天科技有限公司